永恒的经典

充满智慧的1200条
贤哲箴言

毕 军/编

天津出版传媒集团

天津科学技术出版社

图书在版编目（CIP）数据

充满智慧的 1200 条贤哲箴言 / 毕军编 . -- 天津：天津科学技术出版社，2010.8（2024.5 重印）

（永恒的经典）

ISBN 978-7-5308-5837-0

Ⅰ . ①充… Ⅱ . ①毕… Ⅲ . ①箴言 – 汇编 – 世界 Ⅳ . ① H033

中国版本图书馆 CIP 数据核字（2010）第 126637 号

充满智慧的 1200 条贤哲箴言

CHONGMANZHIHUI DE 1200TIAO XIANZHE ZHENYAN

责任编辑：王 璐

责任印制：刘 彤

出　　版：	天津出版传媒集团
	天津科学技术出版社

地　　址：天津市西康路 35 号

邮　　编：300051

电　　话：（022）23332399

网　　址：www.tjkjcbs.com.cn

发　　行：新华书店经销

印　　刷：三河市同力彩印有限公司

开本 710×1000　1/16　印张 14　字数 200 000

2024 年 5 月第 1 版第 2 次印刷

定价：59.00 元

前　言

　　人生百态，社会万象，仅凭一人之力去观察、实践、体会，势必会筋疲力尽，进而所得甚少。无可奈何之余，我们却发现，先前贤哲之言集纳贤哲之灼见，覆盖尘世之角落。从这些字字珠玑的语句片段当中，世人可以受到启发、获得智慧，而不必劳心费神。

　　美国总统林肯曾说：关键的一句话，可能影响人的一生。事实上，在现实中这样的例子确实是举不胜举，正是一些贤哲箴言促使无数平凡的人做出了不平凡的成就。这些贤哲箴言足可被人们视为珍宝，其除了语言锤炼精彩、简洁上口、极具传唱性之外，还给人以启迪、发人深省、耐人寻味、极富哲理，更重要的是，这些语句是古今中外名家们在经历了常人无法比拟的磨难中悟出的智慧和真谛；另外，一个人从呱呱坠地到人老身退、甚至在撒手人世的最后一瞬，都有对人生、对自己所处的世界有发自内心的慨叹与认识，这是他们几十年的人生经验积累的结晶。我们需要的智慧与经验往往就蕴含在圣哲们发人深省的只言片语中，只待我们去领悟。只要我们从字里行间悟出真谛，必然会使我们在坎坷的人生道路上少走弯路，甚至发现成功的捷径。这些箴言是一笔难能可贵的精神财富。它们一方面凝聚着历史的沧桑，展示不同时期人们对生活、对人生、对社会的感悟和心得；另一方面涵盖了整个人类的智慧，讲述了世界各地贤哲们对同一问题的不同看法和观点。而无论从哪一个方面来讲，它们都会给人带来心灵的启迪。

鉴于在世界范围内箴言的数量极为巨大且内容复杂多样，而读者不可能对这些箴言一一了然，我们编委们从浩瀚的人类知识的宝库中精心遴选，把那些可以激励一代人健康成长，发人深省、令人焕发活力甚至可能促进人们成就不凡业绩的箴言精髓编辑加工成册，以供广大读者特别是对人生充满热情与困惑的青少年朋友们品读。

本书编辑形式新颖独特，体例安排规范整齐且极具吸引力。内容涉及人生、社会的各个层面，包括对人生的感悟，对各类情感的体味，对处世作人的思考，对道德修养的劝言，对理想的追求，对命运的认识，还有对智慧与真理的渴望。本书旨在与广大读者朋友们共鸣这些箴言所表达出来的出色教益，挖掘出其中深藏的纯色金子，让这些人类智慧的瑰宝永远闪光透亮。

目录 CONTENTS

人生感怀

　　我们的生命虽然短暂而且渺小，但是伟大的一切都由人的手所造成。人生在世，意识到自己的这种崇高的任务，那就是他的无上的快乐。

——［俄国］屠格涅夫

定义人生……………………………………2
品味生活……………………………………10
诠释生死……………………………………19
倍惜时间……………………………………26
慎待青春……………………………………35
珍视健康……………………………………41
寻找幸福……………………………………50
事业向导……………………………………62

情感体味

情感的本身来源于我们的需要,而情感的发展则来源于我们的认识。

——［法国］卢梭

情感解析	70
爱情箴言	75
朋友情谊	82
亲情感言	90
苦乐两味	94
烦忧见解	101
激愤难掩	105

为人处世

机智和妙语可在交际场上增添光彩,而俗气的玩笑和浪声大笑却会使人变成一个丑角。

——［英国］切斯菲尔德

处世待人	112
识人交友	118
恪守诚信	123
讲求言语	128
有礼有节	135
善待金钱	138

道德修养

把"德性"教给你们的孩子:使人幸福的是德性而非金钱。这是我的经验之谈。在患难中支持我的是道德,使我不曾自杀的,除了艺术以外也是道德。

——[德国]贝多芬

崇尚美德 …………………………………… 146
品格修养 …………………………………… 151
不失良心 …………………………………… 154
崇善弃恶 …………………………………… 156
宽厚仁爱 …………………………………… 165
勤劳俭朴 …………………………………… 169
谦骄劝言 …………………………………… 173
自尊自爱 …………………………………… 178

理想与命运

命运并非机遇,而是一种选择;我们不该期待命运的安排,必须凭自己的努力创造命运。

——[美国]布莱

理想箴言 …………………………………… 184
直面命运 …………………………………… 189
树立志向 …………………………………… 200
坚定信仰 …………………………………… 205
抓住机遇 …………………………………… 213

人生感怀

Ren Sheng Gan Huai

我们的生命虽然短暂而且渺小,但是伟大的一切都由人的手所造成。人生在世,意识到自己的这种崇高的任务,那就是他的无上的快乐。

——［俄国］屠格涅夫

定义人生

DINGYIRENSHENG

人生是一部地地道道的罗曼史,当人们勇敢地过着罗曼史式的生活时,它便会生发出远比任何虚构都要充满快乐的想象。

——[美国]爱默生

人生是一场无休、无歇、无情的战斗,凡是要做个够得上称为人的人,都得时时刻刻向无形的敌人作战。

——[法国]罗曼·罗兰

人类经常把一种生涯发生的事,撰写成历史,再从那里看人生;其实,那不过是外表,人生是内在的。

——[法国]罗曼·罗兰

人生的一切都是用痛苦换得的。在大自然之中,任何幸福都是建立在废墟之上。最后,一切都归于废墟。但愿你能加以建筑。

——[法国]罗曼·罗兰

人生不出售来回票。一旦动身,决不能复返。

——[法国]罗曼·罗兰

人生的道路就像一条大河,由于急流本身的冲击力,在从前没有水流的地方，冲刷出崭新的意料不到的流道。这些各式各样的支流和料想不到的变化都是上天对我们生活的部分安排。

——［印度］泰戈尔

如果在人生的道路上遇到了"红灯"而不得不停止前进的时候，你要坚信——红久必绿。

——［印度］泰戈尔

人的一生就如同下棋一样，每一个棋子都有自己的走法，如果没有这个规律，棋也就下不成。

——［苏联］高尔基

人生像一个喝醉酒之后爬在桅杆上的水手，随时都可能跌下来。

——［英国］莎士比亚

人生有如一块用善与恶的丝线交织成的布；我们的善行必须受我们过失的鞭挞，我们的罪恶却又依赖我们的善行把它掩盖。

——［英国］莎士比亚

我将世界当成这样一个世界看待，也就是每个人都必须独自演出一个角色的大舞台。

——［英国］莎士比亚

人生并非充满了玫瑰花，倒是有时路上荆棘刺痛了你。

——［法国］巴尔扎克

人生是一道山坡。大家正上着的时候，都望着顶上，并且都觉得快乐；但是走到了高处的时候，就忽然望见了下坡的道儿和那个以死亡为结束的终点。上坡的时候是慢慢走的，但是下坡就走得快了。

——［法国］莫泊桑

人生从来不像意想中那么好，也不像意想中那么坏。

——［法国］莫泊桑

人生就是一决雌雄，只有在严酷的生活中才能磨炼自己，提高人格，丰富见闻。

——［日本］池田大作

人生的第一要义，在于发展自己所有的一切，所能成就的一切。

——［法国］莫罗阿

人生应该如蜡烛一样，从顶燃到底，一直都是光明的。

——［中国］萧楚女

人生也许是个空虚的幻梦，但在这幻象中，生与死，恋爱与痛苦，毕竟是陡起的奇峰，应得激动我们徨者的注意，在此中也许有可以感悟到一些幻里的真，虚中的实，这浮动的水泡不曾破裂以前，也应得饱吸自由的日光，射出几丝颜色！

——［中国］徐志摩

人生是个艰辛的历程，让我自己的一生过得完美一点儿已经很不容易了，怎么能指望我去教导别人如何过好他的一生呢？

——［英国］毛姆

人生不是一种享乐，而是一桩十分沉重的工作。

——［俄国］托尔斯泰

真实的人生是什么？是不乔装改扮、突出个性的人生。人生中最宝贵的东西是什么？自己认准的路，不管谁说什么，都要挺起胸膛走到底。

——［日本］池田大作

人生也许是场马拉松赛跑，奔跑在途听名次不算数，只有到达终点，前胸触到拦带，才是定局。

——［日本］池田大作

人生多少带点滑稽剧的性质，……这是一种愚蠢的戏剧。我们所能做的，至多只能保全自己这个人。要想人生无缺陷，好像是没有这回事。

——［美国］德莱塞

人生就是一场梦幻，唯有贤明的人才能做出美梦。

——［德国］席勒

人生不过是一个行走的影子，一个在舞台上指手画脚的拙劣的伶人，登场片刻，就在无声无息中悄然退下。

——［英国］莎士比亚

人的一生是短暂的，但如卑劣地过这短暂的一生，那就太长了。

——［英国］莎士比亚

人生的真正欢乐是致力于一个自己认为是伟大的目标。

——［爱尔兰］萧伯纳

人生是痛苦的，而两个人之间的唯一差异，只在各自的品尝痛苦程度的差异而已。

——［爱尔兰］萧伯纳

在人生的道路上，所有的人并不站在同一个场所——有的在山前，有的在海边，有的在平原边上；但是没有一个人能够站着不动，所有的人都得朝前走。

——[印度]泰戈尔

人生道路的尽头只会留下一个"人"字，所以，能把有限的人生变得更美好，才是作为一个人的幸福，也才称得起是实实在在的幸福。

——[日本]池田大作

人生最有趣味的事情，就是送旧迎新，因为人类最高的欲求，是在时时创造新生活。

——[中国]李大钊

人生没有幽默，就像春天里没有鲜花。

——[日本]池田大作

没有希望的人生不算人生，没有未来的人生最空虚。

——[日本]池田大作

漫长的人生中，谁都有或大或小的失败和挫折，但似乎可以说，只要不致葬送生命，就决无从此一蹶不振的失败和挫折。

——[日本]池田大作

人生像一盒火柴，严禁使用是愚蠢的，乱用是危险的。

——[日本]芥川龙之介

真正的人生，只有经过艰苦卓绝的奋斗之后才能实现。

——[古罗马]塞涅卡

顺境也好，逆境也好，人生就是一场对种种困难的无尽无休的斗争，一切以寡敌众的斗争。

——[印度]泰戈尔

人生不幸的根源是兽性，是贪图个人的舒服和安逸。

——［苏联］高尔基

人生是一场赌博，唯有聪明人才能赢，所以第一要看清敌人的牌而不能泄露自己的牌。

——［法国］罗曼·罗兰

人生就是这样地在最高的希望中烦恼着、痛苦着。

——［法国］小仲马

我们的人生观，都是环境形成的，相信人生是向上的人，自己有了勇气，别人也因而快乐。

——［中国］冰心

人生中的最大事，不在赚钱，却在把我们内在的最高的力量，最美最善的天性，充分发挥出来。

——［美国］马尔腾

谁要是游戏人生，他就一事无成，谁不能主宰自己，永远是一个奴隶。

——［德国］歌德

人生好比两瓶必要喝的啤酒，一瓶是甜蜜的，一瓶是酸苦的，先喝了甜蜜的，其后必然是酸苦。

——［爱尔兰］萧伯纳

确切的人生应该是：保护一种适宜状态的与世无争的生活。

——［法国］蒙田

生命路愈走愈远，所得的也愈多。我以为领略人生，要如滚针毡，用血肉之躯去遍挨遍尝，要它针针见血！离合悲欢，不尽其致时，觉不出生命的神秘和伟大。

——［中国］冰心

我的人生哲学是工作，我要揭示大自然的奥秘。并以此为人类造福。我们活着的短暂一生中，我不知道还有什么比这种服务更好的了。

——［美国］爱迪生

人生是短促的，这句话应该提醒每一个人去做一切想做的事。虽然勤勉不能保证一定成功，死亡可能摧折欣欣向荣的事业，但那些功业未遂的人，至少已有奋斗的勇气，即使未获胜，却也算战斗过。

——［美国］约翰逊

人生不过是一瞬间的事，不要在怀疑与恐惧中浪费生命。

——［美国］爱默生

人生就是石材。要把它雕刻成神的姿态，或是雕刻成魔鬼的姿态，悉听各人的自由。

——［英国］斯宾塞

人生如同道路，最近的捷径通常是最坏的路。

——［英国］培根

人生如梦……我们醒而睡着，睡而醒着。

——［法国］蒙田

我们的人生随着我们花费多少努力而具有多少价值。

——［法国］莫里亚克

人生如河流，我从不怕逆水行舟。

——［法国］拿破仑

人生不是一个悲剧，就是一个喜剧。人们在悲剧中灭亡，但在喜剧中结为眷属。

——［丹麦］安徒生

人生是非常短暂的，但是如果只注意到其短暂，那就连一点儿价值都没了。

——［瑞士］奥涅格

人在一生当中的前四十年，写的是本文，在往后的三十年，则不断地在本文中加添注释。

——［德国］叔本华

人生像在群众面前拉小提琴，边拉边学。

——［英国］巴特勒

品味生活
PINWEISHENGHUO

生活是一种劳动,一门手艺,要学会它就非费点劲儿不可。

——[法国]巴尔扎克

生活而不为生活俘虏,做着自己的主人。

——[法国]罗曼·罗兰

生活好比打仗,它的规律很简单,不要坐失良机。

——[苏联]高尔基

对于人,什么是最宝贵的呢?是生活。因为我们的一切欢乐,我们的一切幸福,我们的一切希望,都只和生活联系在一起。

——[俄国]车尔尼雪夫斯基

生活的道路一旦选定,就要勇敢地走下去。

——[法国]左拉

生活的全部意义在于无穷地探索尚未知道的东西,在于不断地增加更多的知识。

——[法国]左拉

只有在一切力量都得到运用的时候，心灵才能保持宁静，人的生活才能纳入条理。

——［法国］卢梭

世上有多少个人，就有多少条生活的道路。

——［苏联］亚·索尔仁尼琴

生活是一部永远读不完的大书，生而有涯，每个人只能读到有限的章节，因此必须认真地读。

——［中国］柯灵

没有一个人能代替别人生活，所以也没有一个人能代替别人作价值判断，尤其没有一条普遍的价值判断原则可以适用于每个人每日不同的实际生活环境。

——［中国］刘述先

生活应当是忍受——尽管在这无情的城市中忍受是何等的无益、何等的无效、何等的无望。

——［英国］约翰·福尔斯

人们不仅仅是为面包而生活。

——［英国］蒙哥马利

每一个人都演着一个自己选择的角色，或者别人为他指定的生活中的某一个角色。

——［意大利］皮蓝德娄

谁逃避由于害怕孤独而引起的斗争，谁就是战胜者……只有诚实的人，才知道真正的英雄主义……世界上只有一种英雄主义，这就是要认识生活，而且还要热爱生活。

——[奥地利]茨威格

世间万物的背后,并没有支配一切的神仙,只有现实生活的本身在我们偶然获得的能力范围之内,把我们造就成现在这个样子。

——[英国]约翰·福尔斯

生活,就是知道自己的价值,自己所能做到的与自己应该做到的,生活,就是理智。

——[法国]雨果

生活不是一条人造的运河,不能把它禁锢在几条规定好的河道之中。只要我们一旦在自己的生活中看清楚这一点,我们就不会受任何谎言的欺骗了。

——[印度]泰戈尔

生活就是用斗争、探索、操劳的火燃烧自己。

——[比利时]维尔哈伦

平庸的生活使人感到一生不幸,波澜万丈的人生才能使人感到生存的意义。

——[日本]池田大作

生活和宇宙是神奇的。然而,对万物的熟视无睹,犹如一层薄薄的雾,遮蔽了我们,使我们看不到自身的神奇。我们对人生倏忽不定的变幻赞叹不已,然而,它本身难道不正是伟大的奇迹?

——[英国]雪莱

生活,就是理解。生活,就是面对现实微笑,就是越过障碍注视未来。生活,就是自己身上有一架天平,在那上面衡量善与恶。

——[法国]雨果

人的生活不可能重复自己族类的他人的方式,人必须过自己的生活。人是唯一能感到苦恼、感到不满、感到被逐出乐园的动物。人是唯一意识到自己的生存问题的动物,对他来说,自己的生存是他无法逃避而必须加以解决的大事。

——[美国]弗洛姆

你应该紧紧把握住现在,生活本来不是孤立的,它只是泛泛的人类生活体验的一部分。

——[美国]巴士卡里雅

一个人只有物质生活没有精神生活是不行的;而有了充实的革命精神生活,就算物质生活差些,就算困难大些,也能忍受和克服。

——[中国]陶铸

生活在前进,谁跟不上它的步伐,谁就会孤零零地落在后头。

——[苏联]高尔基

相信生活,它给人的教益比任何一本书籍都好。

——[德国]歌德

生活本身没有任何价值,它的价值在于怎样使用它。

——[英国]卢梭

在生活中是没有旁观者的。我爱生活,并且为它而战斗。

——[捷克斯洛伐克]伏契克

我们的生活就像旅行,思想是导游者;没有导游者,一切都会停止。目标会丧失,力量也会化为乌有。

——[德国]歌德

生活本身既不是祸,也不是福;它是祸福的容器。

——[法国]蒙田

没有目标而生活,恰如没有罗盘而航行。

——[法国]康德

生活是艰苦的,它在那些不甘于灵魂平庸的人是一种每日的战斗。

——[法国]罗曼·罗兰

生活得最有意义的人,并不就是年岁活得最大的人,而是对生活最有感受的人。

——[英国]卢梭

生活好比旅行,理想是旅行的路线,失去了路线,只好停止前进。

——[法国]雨果

走哪条路?为什么要走这条路?应当追求什么?需要不需要有所追求?并不是所有的人都能从生活中得到应得的东西,并不是所有人的生活安排得都像乘法表计算的那样准确。

——[苏联]格里戈里·麦登斯基

人的一生,是很短的,短暂的岁月要求我好好领会生活的进程。

——[苏联]高尔基

一个人必须知道了自己对于别人的重要,才会感觉到自己的生活目标的。

——[奥地利]褚威格

生活的主要悲剧就是停止斗争。

——[苏联]奥斯特洛夫斯基

只有我们这些看透了和认识了全部生活的全部意义的人,才不能随便死去，哪怕只有一点机会就不能放弃生活。

——［苏联］奥斯特洛夫斯基

生活是一辆永无终点的公共汽车，当你买票上车后，很难说你会遇见什么样的旅伴。

——［美国］爱默生

生活的花朵只有付出劳动力才会绽开的。

——［法国］巴尔扎克

人们在奔跑，大家都在奔跑，生活就是赛跑的场地，永不停歇。

——［法国］罗曼·罗兰

你觉得自己的日常生活很贫乏，不要去指责生活，而应该指责你自己。

——［德国］里尔克

生活本身就是五花八门的矛盾集合，有自然的也有人为的，有想象的也有现实的。

——［印度］泰戈尔

生活已经不是快乐的筵席、节日般的欢腾，而是工作、斗争、穷困和苦难的经历。

——［俄国］别林斯基

处于极端痛苦的人，才能认识生活无忧无虑的可贵。

——［法国］巴尔扎克

生活中是有两大悲剧，一是达不到自己心中的欲望；一是没法达到它。

——［爱尔兰］萧伯纳

生活就像地底下的暗流，在黑暗中，在漫漫无期的长夜的寂静中穿行，时而向东，时而向西，时而一泻直下，时而又像我的飞机现在钻出云团一样，突然进入晴空，奔向太阳和光阴，等到冲出来之后，才感到原来力气并没有白费！

——［苏联］卡维林

享受生活的乐趣比银行存款可能更有价值。

——［英国］罗素

生活不应该过于拘泥，过于刻板，我们的冲动在不给别人造成肯定的破坏或伤害的情况下，只要有可能就要任其自由发挥。

——［英国］罗素

生活是有趣的，如果从外部来说，没有谁来掐着脖子逼你，从自身来说，你能同自己周围所有的人友好相处，这样的生活就是最好的享受了。

——［苏联］高尔基

谁要描写人和生活，谁就得经常亲自熟悉生活，而不是从书本上去研究它。

——［俄国］契诃夫

生活除了梦幻之外，也充满了现实，一个人不能靠回忆过活。

——［美国］欧·亨利

人的生活不但活命而已，而且要活得好，不但物质方面要好，精神方面也要好。

——［中国］叶圣陶

有的人，生活得就像拉大车似的，哼哧哧，愁眉苦脸。对什么都不满意，什么事儿都不能让他高兴，对什么都嫉妒，对所有的人都挺凶，对自己就更厉害。这哪儿是什么生活,简直是活受罪。

——[苏联]安德烈耶夫

对于大多数人来说,生活就是一场跟贫困所作的漫长斗争。

——[英国]罗·特雷塞尔

生活的美妙就在它的丰富多彩,要使生活变得有趣,就要不断地充实它。

——[苏联]高尔基

生活是严峻的斗争,一个男子汉应该经得起冲击和挫折。倘欲成功,必须具备许多条件,其中有两条是最关键的:即艰苦的工作和绝对的正直。

——[英国]蒙哥马利

当生活中的一些大事开始倔强地冒出芽来的时候,那些小事也撒开它们饥饿的根网,向世界提出自己的要求。

——[印度]泰戈尔

假如生活欺骗了你,不要忧郁,也不要愤慨,不顺心的时候暂且容忍;相信吧,快乐的日子就会到来。

——[俄国]普希金

一般说来,艰苦的生活一经变成了习惯,就会使愉快的感觉大为增加,而舒适的生活将会带来无限的烦恼。

——[法国]卢梭

生活得最好的人不是寿命最长的人,而是最能感受生活的人。

——[法国]卢梭

生活比任何教条都复杂,都多样化,而一个人的命运也远不是按算术规则组成的。

——［苏联］格里戈里·麦登斯基

艰苦的生活比舒适的生活往往会更使人养成良好的品质。

——［苏联］费定

生活是一个宏伟的竞技场，大家尽可以在那里进行夺取胜利的较量，但必须老老实实地遵守比赛规则。

——［苏联］帕斯捷尔纳克

对于每个人生活道路上必然出现的普通的不愉快的事情，我们必须常常提醒自己，我们并不是弱者，我们有能力战胜它；我们要对自己的生活负责，通过行动、通过努力、通过汇集自己所有的勇气和毅力，我们能够创造一个完全不同的机会，能摆脱苦恼的纠缠，而且每次努力都会有成效。

——［美国］哈默

简单而淳朴的生活，无论在身体上还是在精神上，对每个人都是有益的。

——［美国］爱因斯坦

生活就是用斗争、探索、操劳的火燃烧自己。

——［比利时］维尔哈伦

如果你顺其自然地生活，你就决不会贫穷，如果别人怎么说你怎么做，那你就永远不会变富。

——［希腊］伊壁鸠鲁

生活就像海洋，只有意志坚强的人，才能到达彼岸。

——［德国］马克思

诠释生死
QUANSHISHENGSI

人最宝贵的东西是生命,生命属于我们只有一次,一个人的生命是应当这样度过:当他回首往事的时候,他不因虚度年华而悔恨,也不因碌碌无为而羞愧。

——［苏联］奥斯特洛夫斯基

生命的历程是变化无常的,但生命的定盘针却把握在自己的手里,这就是中国哲学传统遗留给我们的最深刻也最平常的智慧。

——［中国］刘述先

那些常常在游戏的人,仍然还在那里游戏,生命总是如此的浪费。

——［印度］泰戈尔

生命的小溪,渗入世间的每一粒尘土,快活地穿过千万棵小草,滋润着数不清的枝叶与花朵。

——［印度］泰戈尔

生命是一条流,有过去、有现在、有未来,过去、未来是一条连续的流。

——［中国］牟宗三

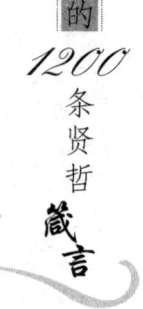

只要有生命就会有希望；只要有希望就会有欢乐。

——［英国］查尔斯·里德

人最宝贵的东西是生命，生命对于人只有一次。

——［苏联］奥斯特洛夫斯基

若得不到丰富的、充实的生命，那么活着与死亡又有什么区别？

——［中国］巴金

生命的意义是在于活得充实，不是在于活得长久。

——［美国］路德·金

人们说生命是很短促的，我认为是他们自己使生命那样短促的。

——［法国］卢梭

生命的用途并不在长短，而在我们怎样和用它，许多人活的日子并不多，却活了很长久。

——［法国］蒙田

世界上最好，最合理的事就是公正地对待人，世界上最难学懂学透的科学就是知道如何享乐此生，知道如何顺应自然；在我们所有的缺点中最严重的就是轻视自己的生命。

——［法国］蒙田

聪明的人宁肯舍弃金钱，以保生命。

——［希腊］伊索

生命的意义在于设身处地替人着想，忧他人之忧，乐他人之乐。

——［美国］爱因斯坦

生命有如铁砧，愈被敲打，愈能发出火花。

——［意大利］伽利略

生命是一项有形的肉体运动，一种其本身特有的实际活动，这活动既不完整，也不规则。

——［法国］蒙田

生命的路是进步的，总是沿着无限的精神三角形的斜面向上走，什么都阻止他不得。

——［中国］鲁迅

累累的创伤，就是生命给你的最好的东西，因为在每个创伤上面都标志着前进的一步。

——［法国］罗曼·罗兰

头脑清醒的人总是深切地体会到人生是一种冒险，生命永远必须从死亡中去夺取。

——［美国］爱因斯坦

浪费宝贵的生命力之人是一种最坏的败家子，这种人比那些浪费金钱的败家子更坏得多。

——［美国］马尔腾

无论铜墙石塔、密不透风的牢狱或是坚不可摧的锁链，都不能拘囚坚强的心灵；生命在厌倦于这些尘世的束缚以后，决不会缺少解脱它自身的力量。

——［英国］莎士比亚

生命不可能有两次，但是许多人连一次也不曾善于度过。

——［法国］吕凯特

对我来说，生命的意义在于设身处地替人着想，忧他人之忧，乐他人之乐。

——［美国］爱因斯坦

凡是认为他自己的生命和人类的生命是无意义的人，他不仅是不幸得很，而且难以适应生活。

——［美国］爱因斯坦

我们唯有献出生命，才能得到生命。

——［印度］泰戈尔

生命像一粒种子，藏在生活的深处，在黑土层和人类胶泥的混合物中，在那里，多少世代都留下他们的残骸。

——［法国］罗曼·罗兰

只有生命是神圣的，对生命的爱是第一美德。

——［法国］罗曼·罗兰

懂得生命真谛的人，可以使短促的生命延长。

——［意大利］西塞罗

生命是一种过程，它充满了希望和前进的动力，假如失掉了这些，生命便进入了死亡。

——佚名

生命是一篇小说，不在长，而在好。

——［古罗马］辛尼加

生命的幸福与困厄，不在于降临的事情本身是苦是乐，而要看人们如何面对这些事情，如何感受它。

——［德国］叔本华

活着并不只是呼吸而已，而要去行动；是要运用我们的器官、感觉能力，运用存在于我们身上的每一分感觉。活得最长久的人，不是曾数过最多岁月的人，而是曾享受过最多生活的人。

——［法国］卢梭

死亡就像生存那样合乎自然规律。

——［英国］富勒

我们得到生命的时候带有一个不可少的条件：我们应当勇敢地保护它——直到最后一分钟。

——［英国］狄更斯

一个带病的人，宁愿永远生活在痛苦呻吟之中，也不愿让死亡这一服药到病除的良药治愈他的疾病。

——［英国］莎士比亚

在我们的生命中，隐藏着无数次的死亡，可是我们对于结束一切痛苦的死亡，却那样害怕。

——［英国］莎士比亚

死的惨痛，大部分是心理上造成的恐怖。被我们践踏的一个无知的甲虫，它肉体上的痛苦，和一个巨人在临死时所感受的并无两样。

——［英国］莎士比亚

人不是不相信自己会死，而是在无意识之中认为自己不会死。

——［奥地利］弗洛伊德

死亡是最大的痛苦，因为它断绝了希望。

——［英国］哈兹里特

一个将死的人需要死亡，正如一个疲倦的人需要睡眠一样，苟延残喘是既错误又无用的。

——佚名

由于人无法挽救死亡、悲惨和无知，因此，为了使自己高兴，总设法不去思考那些事。

——［法国］帕斯卡尔

人死了之后何以要哭呢？其实应该为他在生时的生活方式哭泣才对。以死的模样活着，还不如死了好。

——［法国］蒙泰朗

要亲自体验一下死亡而仍然保持愉快的心境，这是不可能的事情。

——［美国］艾伦

人们常常说，死亡不可怕，垂死才可怕。

——［英国］菲尔丁

死亡是一点一点吃掉我们的，并不是一口吞下去。

——［古罗马］塞涅卡

死亡只有一个恐怖的原因，那就是它没有明天。

——［美国］霍弗

研究不死之道，是上流社会和无所事事的人的事情。至于想在世间做一个还不错的人,则每天不能不努力、奋斗、活动,以求有所为,这样一来,将会对来世置之不理,而只在现世活动,做点有益的事情。

——[德国]歌德

复仇可使人击退死亡,爱情可使人无视死亡;荣誉可使人企求死亡;忧伤与恐惧则使人奔向死亡。

——[英国]培根

死对我来说可以忍受,可是眼睁睁等着厄运来临却叫人受不了。

——[英国]斯蒂文生

死,是将我们所有的秘密、阴谋的面纱揭开的东西。

——[俄国]陀思妥耶夫斯基

不知道怎样生活的人,应当把死当成好事。

——[爱尔兰]萧伯纳

在人间的欢乐中,在完成了对人间的任务以后,没有丝毫苦痛地结束一生——死,也是幸运的。

——[丹麦]安徒生

人固有一死,或重于泰山,或轻于鸿毛。

——[西汉]司马迁

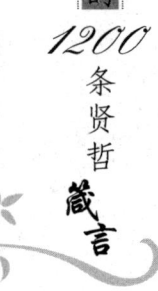

倍惜时间

BEIXISHIJIAN

世上真不知有多少能够成功立业的人，都因为把难得的时间轻轻放过而致默默无闻。

——[法国]莫泊桑

世界上最快而又最慢，最长而又最短，最平凡而又最珍贵，最容易被人忽视而又令人后悔的就是时间。

——[苏联]高尔基

时间就是生命，无端的空耗别人的时间，其实是无异于谋财害命的。

——[中国]鲁迅

最长的莫过于时间，因为它永无穷尽；最短的也莫过于时间，因为我们所有的计划都来不及完成。

——[法国]伏尔泰

无坚不摧的时间，擎着胜利的旗帜奔向未来，所有的人都只能行进在这面旗帜之下。

——[印度]泰戈尔

时间是一切财富中最宝贵的财富。

——［希腊］德奥弗拉斯多

我从来不认为半小时是微不足道的很小的一段时间。

——［英国］达尔文

任何一种对时间的点滴消费,都无异于一种慢性的自杀,我们必须全速前进!

——［中国］茅以升

时间是最不值钱的东西,也是最宝贵的东西,因为有了时间,我们就有了一切。

——［拉脱维亚］莱尼斯

如果说时间是最宝贵的东西,那么浪费时间就是最大的挥霍。

——［美国］富兰克林

你热爱生命吗?那就别浪费时间,因为时间是组成生命的原料。

——［美国］富兰克林

时间就是生命,时间就是金钱。

——［美国］富兰克林

想要有空余时间,就不要浪费时间。

——［美国］富兰克林

今天的价值,等于明天的两倍。

——［美国］富兰克林

切勿坐耗时光,须知每时每刻都有无穷的利息;日记不足,岁计有余。

———［美国］富兰克林

过去、现在、未来是一线贯下来的。这一线贯下来的时间里的历史的人生，是一趟过的，是一直向前进的，不容我们徘徊审顾的。

———［中国］李大钊

善于利用时间的人，永远找得到充裕的时间。

———［德国］歌德

把时间用得节省些，我很可能把最珍贵的金刚石拿到手。

———［德国］歌德

今天应做之事，勿等明天；自己所做之事，勿待他人。

———［德国］歌德

什么能使时间变短？活动；什么会叫时间长得难以忍受？安逸。

———［德国］歌德

在人类的整个历史上，明智的阶层总是要提出多种方案供人们选择，但是时间老人只能允许人们接受一种方案。

———［英国］福尔斯

一个研究人员可以居陋室，吃粗饭，穿破衣，可以得不到社会的承认，但是只要他有时间，他就可以坚持致力于科学研究。

———［美国］坎农

时间是个常数，但对勤奋者来说，是个变数。

———［苏联］雷巴柯夫

在所有的批评家中，最伟大、最正确、最天才的是时间。

——［俄国］别林斯基

如果有什么需要明天做的事，最好现在就开始。

——［美国］富兰克林

消磨时间是一种多么劳累、多么可怕的事情啊，这支肉眼看不见的秒针无时不在地平线下转圈，你一再醉生梦死地消磨时间，到头来你还得明白，它仍在继续转圈，无情地继续转圈。

——［德国］伯尔

人最宝贵的是生命。但是仔细分析一下这个生命，可以说，最宝贵的是时间。因为生命是由时间构成的，是一小时一小时、一分钟一分钟累积起来的。

——［苏联］格拉宁

反思的特殊价值在于满足好奇心，在于解释疑难和说明事物，但是我们从反思中实际得到的最大快感，却是从我们所反思的经验借取来的。

——［美国］乔治·桑塔耶纳

对时间的慷慨，就等于慢性自杀。

——［苏联］奥斯特洛夫斯基

金钱是宝贵的，生命是宝贵的，时间最宝贵。

——［俄国］苏沃洛夫

凡是想获优异成果的人，都应该异常谨慎地珍惜和支配自己的时间。

——［苏联］克鲁普斯卡亚

要延长白天的时间，最好的办法莫如从黑夜偷用几个钟头。

——［英国］狄更斯

时间最不偏私，给任何人都是二十四小时，时间也最偏私，给任何人都不是二十四小时。

——［英国］赫胥黎

我可以把时间比成一个永远转动着的圆圈：那不断下沉的半边好比是过去，不断上升的半边好比是将来；而正上面那不可分割的一点即水平切线和圆周接触之处就好比是现在。

——［德国］叔本华

节省时间，也就是使一个人的有限生命，更加有效，而也即等于延长了人的生命。

——［中国］鲁迅

时光，是一天天地过去了，大大小小的事情，也跟着过去，不久就在我们的记忆上消亡；而且都是分散的，就我自己而论，没有感到和没有知道的事情真不知有多少。

——［中国］鲁迅

你在一刹那间赶出去的东西，永恒是不会还给你的。

——［德国］席勒

时间的步伐有三种：未来姗姗而来迟，现在像箭一样飞逝，过去的永远静立不动。当它缓行时，任怎样急躁，也不能使它的步伐加快。当它飞逝时，任怎样恐惧犹疑……也不能使它的行程受阻。任何后悔，任何魔术，也不能使静止移动一步。你若要做一个聪明而幸福的人，走完你生命的路程，你要对未来深谋远虑，不要做你的行动的工具！不要把飞逝的现在当成友人，不要把静止的过去当成仇人。

——［德国］席勒

时间是最公平合理的，它从不多给谁一份，勤劳者能叫时间留给串串的果实，懒惰者时间留予他的一头白发，两手空空。

——［苏联］高尔基

世界上最快而又最慢，最长而又最短，最平凡又最珍贵，最容易被忽视而又最令人后悔的就是时间。

——［苏联］高尔基

如果说金钱是商品的尺度，那么时间就是效率的尺度。因此一个缺乏效率者，必将付出高昂代价。

——［英国］培根

真正的敏捷是一件很有价值的事。因为时间是衡量事业的标准，一如金钱是衡量货物的标准。

——［英国］培根

时间会使最敏锐的感情变得迟钝，时间能够缓和最伤心的悲痛。

——［英国］毛姆

由于时光转瞬即逝，无法挽回所以说它是世界最宝贵的财富，滥用时光无疑是人们最没有意义的一种消磨方式。

——［英国］毛姆

时间的无声的脚步，往往不等我完成最紧急的事务就溜过去了。

——［英国］莎士比亚

时间正像一个趋炎附势的人，对于一个临去的客人不过和他略微握握手，对于一个新来的客人，却伸开了两臂，飞也似的过去抱住他。欢迎是永远含笑的,告别总是带着叹息。

——［英国］莎士比亚

时间对于心绪烦乱的人们,它会像地狱中的长夜一样逗留下去；对于约会的恋人们,它就驾着比思想还快的翅膀迅速飞去。

——［英国］莎士比亚

时间会刺破青春的华丽精致,会把平行线刻上人的额角,会吃掉稀世珍宝,天生丽质,什么都逃不过它横扫的镰刀。

——［英国］莎士比亚

时间老人的背上负着一个庞大的布袋,那里面装着被忘恩负义的世人所遗忘的丰功伟业,那些已成为过去的事迹,一转眼就会在人们的记忆中消失。

——［英国］莎士比亚

浪费哪怕是一个钟头时间的人,说明他还不懂得珍惜生命的全部价值。

——［英国］达尔文

我只惋惜一件事：日子太短,过得太快,一个人从来看不出做成了什么,只能看出还应该做什么……

——［法国］居里夫人

浪费别人的时间就是谋财害命,浪费自己的时间就是慢性自杀。

——［俄国］列宁

大自然公正地把昼夜的同等时间分配给我们每个人,也公正地把安排时间的能力分配给我们每个人。

——［苏联］阿纳托里·费迪

没有一种不幸可与失掉时间相比。

——［俄国］屠格涅夫

一个人往往日子过得特别快活的时候，他甚至觉察不到时间是过得快呢，还是慢慢地过去。

——［俄国］屠格涅夫

时间一天天过去，有时觉得它漫长难熬，有时却又感到那么短促；有时愉快幸福，有时又悲伤惆怅。一天与一天不同，一日和一日有别，仿佛一昼夜之间也有春夏秋冬之分。

——［苏联］阿·巴巴耶娃

离群索居，甘于寂寞的人，才懂得珍惜时光，他们深知人生易逝，岁月无情。

——［美国］马尔腾

好的时光托付给我们的是任务，而坏的时光强加给我们的是负担。

——［德国］歌德

白头后的痛苦叹息，都是在年轻时无聊的时光里写成的。

——佚名

高尚的才智不应该在无谓的、易如反掌的事情上浪费瞬息即逝的时间；现在悠忽便成过去，未来以同样惊人的速度来临。过去的已成乌有，现在只是瞬间，未来暂时还不是瞬间，但会成为瞬间，它的形成和消逝是同时发生的。

——［意大利］布鲁诺

别虚掷你的光阴，别去听无聊的话，别试图补救无望的过失，别在愚昧、平庸和低俗的事上消磨你的生命，这些东西都是我们这个时代病态的目

标和虚假的理想。认真生活吧，过属于你自己的生活，点滴都别浪费。

——［英国］王尔德

聪明人的时间是因他的思想而延长、愚人的时光则是因他的感情而延长。有一种人的时间之所以延长，是因为他们不知道用它来做什么，另外一种人的时间之所以延长，是因为他能以有用或有趣的思想来分辨它的每一刻；换言之，是因为有一种人常望它过去，而另一种人却能时刻享用它。

——［美国］爱迪生

不要悲伤地窥视过去，它不会再来。及时地利用现在吧，它是属于你的。

——［美国］朗费罗

深不可测的海，它的浪就是年岁；时间的洋，它深愁的水，混浊着人们的眼泪。

——［英国］雪莱

时间能矫正我们谬误见解，考验真理与爱情，它是世间仅有的哲人，其他则都是辩论家。

——［英国］拜伦

没有东西可以挽回青草光辉与花朵鲜艳的时光。

——［英国］华兹华斯

慎待青春
SHENDAIQINGCHUN

青春在人的一生中只有一次,而青春时期比任何时期都最强盛最美好,因此千万不要使自己的精神僵化,而把青春保持永远。

——[俄国]别林斯基

没有人会感觉到,青春正在消逝,但任何人都会感觉到青春已经消逝。

——[古罗马]塞涅卡

青年是一个美好而又一去不可再得的时期,是将来一切光明和幸福的开端。

——[苏联]加里宁

青春并不像一袭新衣,好像我们仔细少穿一点就可以保持簇新似的。青春,当我们有它的时候,我们一定要每天穿用它,而它则很快就会消逝。

——[秘鲁]梅尔加

莫让青春虚度在昨天创伤的呻吟中,莫把希望寄托在明天的幻想上。

——[黎巴嫩]纪伯伦

青春应该是:一头醒智的狮,一团智慧的火!醒智的狮,为理性的美而吼;智慧的火,为理想的美而燃。

——［波兰］哥白尼

创造一切非凡事物的那种神圣的爽朗精神总是同青年时代和创造力相联系在一起的。

——［德国］歌德

无论哪个时代，青年的特点总是怀抱着各种理想和幻想。这并不是什么毛病，而是一种宝贵品质。

——［苏联］加里宁

青年人朝着某一目标而努力的姿态，是最有力、最清新、最美丽的，世界上再找不到比青年的苦斗更美丽的东西。

——［日本］池田大作

青春时代，越是失败，越要为构筑新的人生、毕生幸福的基础而奋勇前进。

——［日本］池田大作

人在青年，谁没有一片雄心大志，谁没有一番宏济苍生的抱负，谁没有种种荒唐瑰丽的梦想。

——［中国］苏雪林

青年之最可爱的还是他身体里那股淋漓元气，换言之，就是那股愈汲愈多，愈用愈出的精力。

——［中国］苏雪林

青年人的性格如同一匹不羁的野马，藐视既往，目空一切，好走极端。勇于革新而不去估量实际的条件和可能性，结果常因浮躁而改革不成去招致更大的祸患。

——［英国］培根

给青年人最好的忠告是让他们谦虚谨慎，孝敬父母，爱戴亲友。

——［意大利］西塞罗

有经验的老人执事令人放心，而青年人的干劲则鼓舞人心。

——［英国］培根

青年人在执事或经营的时候，所包揽的常常比所能办到的多，所激起的比所能平复的多；一下就飞到目的上去，而不顾虑手段和程度。

——［英国］培根

一个人如果在整个少年时期和青年时期都把自己心灵的力量的一小部分献给别人，他也就学会发现别人身上的美。

——［苏联］苏霍姆林斯基

最好的人生途征就是创造价值，单纯地认识上帝赋予的价值，平凡地送走青春，只能说他的青春是很遗憾的。

——［日本］池田大作

青年时期是人一生的春天，春天不播种，秋天就不会有收获。

——［苏联］斯科罗杜莫夫

青春——人的一生中最美好的年岁。它是一个人的生命含苞待放的时期，生机勃发、朝气蓬勃；它意味着进取，意味着上升，蕴含着巨大希望的未知数。

——［中国］岑桑

青年时期最适于受陶冶。青年们能够趁这时期自己注意到道德的训练，自是非常有益的事情。

——［中国］叶圣陶

青春是人生之花，是新生的呼唤，是纯真的结晶。青春具有激流般的热情，充满向往未来的美梦，又带有决不妥协的洁癖。

——［日本］池田大作

人一生中，青春期是鲜花盛开的季节，要装扮你的生活，就要在这时打好底色。最重要的是青春，眨眼之间便消逝的也是青春。诸君正当这个重要时期，切不可碌碌无为，也不要选错方向啊。

——［日本］池田大作

青年时期是豁达的时期，应该利用这个时期养成自己豁达的性格。

——［英国］罗素

青春赋予人，就是为了让他爬陡坡，而不应变成某种"保护证书"。

——［苏联］斯科杜莫夫

人生中应该完成的一切在我们青少年时期便已定了形，在跨入我们的青年时代的时候，成败便已决定，再怎样也无济于事了。

——［法国］莫里亚克

即使世界变得糟透了，生活也难以忍受，只有一件东西是永远美好的：那就是青春。

——［波兰］亨·显克维奇

青春是一个不可思议的伟大力量。它催发着青年人的躯体，启迪着他们的智慧，同时它也灌输着热烈的感情和坚强的理智。

——［中国］李准

青年又何能一概而论呢？有醒着的，有睡着的，有昏着的，有躺着的，有玩着的,此外还有。但是,自然也有要前进的。

——［中国］鲁迅

只要今天胜于昨天,明天胜于今天,保持这种一步步向上攀登的活力,不就保持了真正的青春了吗?

——［日本］池田大作

人在非常时期所需要的往往不是审慎,而是勇气,而在这上面,青年是比任何人都强的。

——［中国］闻一多

没有向上心的青年不能叫青年。"向上"二字就是青年的别名。青年的特点也在此。

——［日本］池田大作

今天所做之事,勿候明天,自己所做之事,勿候他人。要做一番伟大的事业,总得在青年时代开始。

——［德国］歌德

青年人的内心一般都潜藏着一种激愤情绪,若经过正确的疏导,会平息下来,不会闹出什么乱子来。

——［俄国］屠格涅夫

青年人总是在希冀着什么,追求着什么,幻想着什么。但往往他们并不真正知道自己到底在渴望些什么。

——［俄国］屠格涅夫

青年人较适合于发明,而不适合于判断;较适合于执行,而不适合于议论;较适合于新的计划,不适合于惯行的事物。

——［英国］培根

紫苑草被人践踏越长越快，可是青春越是浪费，越容易消失。

——［英国］莎士比亚

青春的特征乃是动不动就要背叛自己，即使身旁没有诱惑的力量。

——［英国］莎士比亚

青年人的大部分生活充满希望，希望代表着未来，而回忆代表过去。

——［古希腊］亚里士多德

青年人追求的是满足自己多种多样的愿望，做自己喜欢做的事情，爱荣誉，特别好胜。

——［古希腊］亚里士多德

所谓的青春是一种奇妙的东西，外在虽然闪烁着红色的光辉，可是内在却感觉不出任何东西。

——［法国］萨特

青年人之间相遇，是能够一见如故，水乳交融的。

——［法国］雨果

每一个人一生都有一度具有这种巍然如山的激情，但这往往是青春时期的特性，有助于初恋的成功。

——［美国］德莱塞

青年们的相互接触有那么一种可喜的地方，就是，人们在这中间无法预见火星，也无法预测闪电。

——［法国］雨果

珍视健康
ZHENSHIJIANKANG

健康的身体乃是灵魂的客厅,有病的身体则是灵魂的禁闭室。

——[英国]培根

装饰的华丽可以显示出一个人的富有,优雅可以显示出一个人的趣味,但一个人的健康与茁壮则须由另外的标志来识别,只有在一个劳动者的粗布衣服下面,而不是在嬖幸者的穿戴之下,我们才能发现强有力的身躯。

——[法国]卢梭

虚弱的身体,将永远不会培养出有活力的灵魂和智慧。

——[法国]卢梭

任何一个身体健康、无冻饿之虞的人,只要他抛弃了他心目中臆想的财富,他就可以说是一个相当富有的人了。

——[法国]卢梭

没有什么比健康更快乐的了,虽然他们在生病之前,并不曾觉得那是最大的快乐。

——[古希腊]柏拉图

只有最愚昧的人才会为了其他的幸福牺牲健康,不管其他的幸福是功、名、利禄、学识，还是过眼烟云似的感官享受，世间没有任何事物比健康还来得重要。

——［德国］叔本华

健康的价值贵重无比，唯有它才是人们的追求目标，不仅用时间、血汗、劳力、财富，甚至献出生命也在所不惜的唯一东西。

——［法国］蒙田

平时把身体健康什么的抛在脑后，一旦得了病，自己周围的世界便忽地变成了灰色，忧郁寡欢。不论有多么出众的才能和力量，不论有多么高明的见识，一旦卧床不起，人生就将化为乌有。

——［日本］池田大作

乐观是养生的唯一秘诀，常常忧思和愤怒，足以使健康的身体变成衰弱而有余。

——［俄国］屠格涅夫

疾病有成千上万种，但健康只有一种。

——［德国］白尔尼

人类的幸福只有在身体健康和精神安宁的基础上，才能建立起来。

——［英国］欧文

没有健康，人生就不成其为人生了，这只是一种倦怠和受苦的情状——一种死的象征。

——［法国］拉伯雷

拿体力、精力来和黄金、钻石比较，黄金和钻石是无用的废物。

——［新西兰］马尔顿

健康是为我们的事业和我们的福利所必需的，没有健康，就不可能有什么幸福可言。

——［英国］洛克

身体的经久比美丽更好。

——［古希腊］伊索

世界上没有比结实的肌肉和新鲜的皮肤更美丽的衣裳。

——［苏联］马雅可夫斯基

啊，健康，健康！你是富人的幸福！你是穷人的财富！谁能以非常昂贵的价格买到你？因为没有你，就享受不到这个世界的乐趣。

——［英国］琼森

保持健康，这是对自己的义务，甚至也是对社会的义务。

——［美国］富兰克林

必须有充分的户外活动、作为思想、感情的一种稳定因素。健康需要这种松弛和休息。

——［美国］梭罗

长期的身体毛病使最光明的前途蒙上阴暗，而强健的活力就使不幸的境遇也能发金光。

——［英国］斯宾塞

精力充沛和它带来的饱满情绪，比任何其他事情在幸福中占有更重要的位置。

——［英国］斯宾塞

保持身体健康的目的，是使你能获得智慧。

——［英国］斯宾塞

一个人到失去健康时，他才开始充分注意健康。

——［美国］比林斯

健康如金银，我们失去时，始真知其价值。

——［美国］比林斯

真正的财富是健康，而不是金银财宝。

——［印度］甘地

一把胡须，一个健康的身体，一颗正直的良心；我用三重的爱希望你有这三种东西。

——［英国］莎士比亚

健康的人未察觉自己的健康，只有病人才懂得健康。

——［英国］卡莱尔

流水不腐，户枢不蠹，动也。

——《吕氏春秋》

养生莫善于习动，并不困疲，日益精壮。

——［清朝］颜习斋

终日屹屹端坐，最是生死。人徒知久行久立伤人，而不知久卧久坐之尤伤人也。

——［明朝］李梴

精神不运则愚，血脉不运则病。

——［宋代］陆九渊

一个埋头脑力劳动的人，如果不经常活动四肢，那是一件极其痛苦的事情。

——［俄国］托尔斯泰

器官得不到锻炼，同器官过度紧张一样，都是极其有害的。

——［法国］康德

水若停滞即失其纯洁，心不活动精气立消。

——［意大利］达·芬奇

运动太多和太少，同样的损伤体力；饮食过多与过少，同样的损害健康；唯有适度可以产生、增进、保持体力和健康。

——［古希腊］亚里士多德

过度的和不足的锻炼会毁坏体力；同样地，超过或没有达到一定的数量的饮食则会破坏健康。反之，适量的饮食既能产生又能增加和保持健康。

——［古希腊］亚里士多德

久卧伤气，久坐伤肉。

——《黄帝内经·素问》

起居时，饮食节，则身利而寿命益。

——《管子》

早漱不如晚漱，晚食岂若晨餐。节饮自然脾健，少餐必定神安。

——《类修要诀》

若要衍生，肠胃要清。

——［晋代］葛洪

饥而食，食不过饱，不欲极渴而饮，饮不过多。

——［晋代］葛洪

已饥方食，未饱先止。

——［宋代］苏轼

饮食居处适，则九窍百节千脉皆通利矣。

——《吕氏春秋》

食勿求饱。

——［春秋］孔子

若夫圣人，量腹而食。

——《淮南子·精神训》

量腹而受，量身而衣。

——《蚊子》

节饮食以养胃，多读书以养胆。

——［春秋］庄子

正和满储着食物的房子容易住满老鼠一般，食物太多者的身体，会多疾病的。

——［英国］狄更斯

空腹是世界上最佳的调味品。

——［西班牙］塞万提斯

饮食如不适可而止，厨师亦成下毒之人。

——［法国］伏尔泰

对一切沉溺于口腹之乐，并在吃、喝、情爱方面过度的人，快乐的时间是很短的，就只是当他们在吃着、喝着的时候是快乐的，而随之而来的坏处却很大。

——［古希腊］德谟克里特

不要忽略你的身体的健康；饮食，动作，须有节。

——［古希腊］毕达哥拉斯

休息之肃属于工作，正如眼睑之肃属于眼睛。

——［印度］泰戈尔

在破晓之前起自然是好的，因为这种习惯有益于健康。

——［古希腊］亚里士多德

身体健康，起居有节，能延年益寿。生活没有节制，往往缩短生命。

——［西班牙］塞万提斯

合理地管理自己的生活，可以抑制衰老过程的进展。而合理生活的第一个原则就是工作。整个机体的一切功能都必须工作。

——［苏联］巴甫洛夫

早睡早起最能使美丽的脸鲜艳，并降低胭脂的价钱——至少几个冬天。

——［英国］拜伦

简单和纯朴的生活，无论在身体上还是在精神上，对每个人都是有益的。

——［美国］爱因斯坦

食不语，寝不言。

——［春秋］孔子

食不厌精，脍不厌细。鱼馁而肉败不食，沽酒市脯不食，色恶不食，臭恶不食。

——《论语》

保持健康的唯一办法是，吃你所不愿吃的东西，喝你所不爱喝的饮料，做你所不想做的事情。

——［美国］马克·吐温

戒烟比什么都容易，要知道，我已经戒过一千次了。

——［美国］马克·吐温

抽烟，实在没有必要，而且也不是享受。

——［俄国］柯罗连科

别喝酒，别用烟草来刺激心脏，你就能和齐齐安（一个活到九十岁的老人）那样长寿。

——［苏联］巴甫洛夫

不断地饮酒取乐，……都不能使生活愉快，使生活愉快的乃是清醒的理性。

——［古希腊］伊壁鸠鲁

酗酒是暂时性的自杀。

——［英国］罗素

我有三个医生：第一个"安静"医生；第二个"快乐"医生；第三个"节食"医生。

——［英国］萨维勒

延长寿命可由三种途径达到：减少消耗（减少机体耗损），改善恢复健康的方法，及使开始老朽的一切现象得到更生。

——［英国］培根

我们自己对自己身体的无节制、无规律和不注意的态度，使正常寿命缩短了很多。

——［苏联］巴甫洛夫

健康的开始在于知道自己的疾病，在于愿意服医生开给他的处方。

——［西班牙］塞万提斯

世界上有许多人汲汲于照顾他们的健康，以致无暇去享受它。

——［美国］比林斯

耗费心力去保持健康的人，反而损害自己的健康。

——［意大利］维吉尔

健康是第一个灵感之神，而睡眠则是创造健康的条件。

——［美国］爱默生

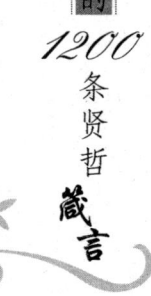

寻找幸福
XUNZHAOXINGFU

幸福是世界节奏的一瞬间,是生命振动摆动的两极之一。要停止那个摆,除了破坏它就没有其他办法。

——[法国]罗曼·罗兰

人的精神上有这样大的对于幸福的渴望,当实际上没有可享受时,那就一定要想法来创造。

——[法国]罗曼·罗兰

没有一个人是完全的。所谓幸福,是在于认清一个人的限度而安于这个限度。

——[法国]罗曼·罗兰

幸福不表现为造成别人的哪怕是极小的一点痛苦,而表现为直接促成别人的快乐和幸福。

——[俄国]托尔斯泰

最大的幸福是在一年结束之际感到自己比年初时更好了这一点上。

——[俄国]托尔斯泰

个人离开社会不可能得到幸福,正如植物离开土地而被扔到荒漠上不可能生存一样。

——［俄国］托尔斯泰

对于每一个人来说，活着就等于希望并争取幸福，而希望并争取幸福反过来说也等于活着。

——［俄国］托尔斯泰

被人爱和爱别人是同样的幸福，而且一旦得到它就够受用一辈子。

——［俄国］托尔斯泰

幻想里有优于现实的一面，现实里也有优于幻想的一面。完满的幸福将是前者和后者的统一。

——［俄国］托尔斯泰

只有劳动才能使人变得幸福，使他的心灵变得开朗、和谐、心满意足。

——［俄国］别林斯基

要想自己成为幸福的人，就应当对别人关怀备至，体贴入微，赤诚相见。

——［苏联］苏霍姆林斯基

一个人若不经历困难险阻，没有体验过紧张情感，就不会理解幸福。

——［苏联］苏霍姆林斯基

谁需要的越小，他的幸福就越大，谁希望的越大，他的自由就越少。

——［苏联］高尔基

一个人能够理解别人，超过了别人对你的理解，这是非常好的，这是极大的幸福。

——［美国］亨利·詹姆斯

如果您想幸福地生活，就得凡事要有节制。

——［法国］拿破仑

通向幸福的道路只有一条，就是不要为不如意的事情烦恼。

——［希腊］帖特斯

成功与美德是衡量人生事业的两种尺度，同时具备这两者的人，是幸福的。

——［英国］培根

饱经艰难之后才获得的幸福是不太招人嫉妒的，因为人们看到这种幸福是如此的来之不易，以致甚至产生了同情，而同情心总是医治嫉妒的一味良药。

——［英国］培根

身处权位的人只能通过别人的眼睛来确认自己的幸福，而如果根据自身的感觉来判断，就很难找到是否幸福的答案，他们引以自慰的，只是别人对自己的羡慕和模仿。

——［英国］培根

一个最幸福的人，并不是一个生命最长的人，而是一个充分利用他的一生的人。生命的长短不应该用年龄来测量，而应该用我们出色地完成的事业来测量，生命的长度和一个人的幸福并无关系，问题是他生活得是否美好。

——［荷兰］伊拉斯谟

一个人成为聪明人或者成为下流人都取决于他自己，自己是自己幸福的铸造者。

——［苏联］格里戈里·麦登斯基

所谓幸福可以说就像是由愉快、爽快、喜悦等声音构成的旋律一样。有时也混有不愉快和忧郁，但那就像是音乐的不谐和音一样，起着往年糕小豆汤中加盐般的作用。

——［日本］宫城音弥

幸福并不在挥霍金币的房屋底下。

——［法国］巴尔扎克

我们不应追求那种浅薄、瞬息即逝、海市蜃楼般的幸福。确立坚实的主体精神，不为环境所左右，也不为命运所桎梏，能克服任何困难，坚强有力而又悠然自得地度过自己的人生，我认为这本身就可谓是真正的幸福，绝对的幸福。

——［日本］池田大作

幸福决不能靠他人恩赐，而只能在自己的生命中建立。人生中既有暴雨，也有大雪，但只要自己那博大的心胸中常是一片美丽的晴空，常有希望的太阳放射光辉，就可以了。

——［日本］池田大作

人生道路的尽头只会留下一个"人"字，所以，能把有限的人生变得更美好，才是作为一个人的幸福，也才称得起是实实存在的幸福。

——［日本］池田大作

没有充实感的幸福到底是什么呢？我实在认为那是一种死去了的幸福。

——［日本］池田大作

只有那些不仅仅为了自己的幸福，也能为他人的幸福而出力的人，才能得到真正的幸福。

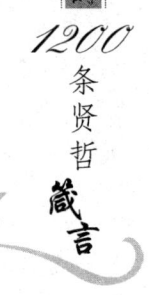

——[日本]池田大作

敢于向险峻的山脊挑战，克服种种障碍，一步步攀进的"战斗的自身"，幸福就潜藏于这种生命的跃进之中。

——[日本]池田大作

幸福绝对不是别人赐予的，而是一点一滴在自己生命之中筑造起来的。人生中既有狂风暴雨，也有漫天大雪。只要在你心里的天空上，经常有一轮希望的太阳，幸福之光便会永远照耀你。

——[日本]池田大作

一个人要能够在自己的地位发生变化的时候毅然抛弃那种地位，不顾命运的摆布而立身做人，才说得上是幸福的。

——[法国]卢梭

你要爱别人，才能得到别人的爱，你要幸福快乐地生活，就必须使自己成为一个为人家所喜欢的人，你要人家听从你的话，就必须使自己值得人家尊敬，你要爱惜自己的体面，才能得到人家的称誉。

——[法国]卢梭

一对彼此相配的夫妇是经得起一切可能发生的灾难的袭击的，当他们一块儿过着穷困的日子的时候，他们比一对占有全世界的财产的离心离德的夫妻还幸福得多。

——[法国]卢梭

真正的幸福之源就在我们自身；对于一个善于理解幸福的人，旁人无论如何也不能使他真正潦倒。

——[法国]卢梭

求爱的人得爱；舍身友谊的人有朋友；殚精竭虑要创造幸福的人便有

幸福。

——［法国］莫罗阿

我们也许可以说，在我们没有明确地感到痛苦的时候，那我们大概就算是相当幸福的了。

——［英国］塞缪尔·巴特勒

只为自己打算的人并不幸福，幸福的是也为别人的事情打算。

——［中国］季羡林

个人的幸福只由全体的幸福造成，当大地上有一切人的幸福的位置时，就不会有嫉妒和憎恨。

——［法国］左拉

幸福不是由外力和事件决定的。相反，它是一种不受外力所胁迫的人生态度。

——［美国］鲍威尔

幸福永远在我们所能达到的地方。我们只需伸出手去，就可捉住它的。

——［法国］乔治·桑

灾祸和幸福，像没有预料到的客人那样来来去去。它们的规律、轨道和引力的法则，是人们所不能掌握的。

——［法国］雨果

信仰，是人们所必需的。什么也不信的人不会有幸福。

——［法国］雨果

让别人过得舒服些，自己没有幸福不要紧，看到别人得到幸福，生活也是舒服的。

——[中国]鲁迅

个人自由和个人幸福如果不按照"对一个人有利的对别人也无害"这一原则去安排,就会变得毫无意义。

——[美国]罗斯福

世界上有些幸福,你早已不信会实现的了;真实现的时候,简直像霹雳一般会伤害你的身心。

——[法国]巴尔扎克

过分完满的幸福生活,有可能使我们追求认识和改造世界的激情减色。

——[英国]罗素

一个美丽的姑娘只能悦目,带来的只能是一时的欢乐;一个高尚的姑娘可以赏心,带给你一辈子幸福。

——[英国]罗素

幸福的生活,在大体上必须是宁静的生活。因为,唯有在宁静气氛中,才能产生真正的欢乐。

——[英国]罗素

人们的幸福或不幸依赖于他们情绪的程度,不亚于运气的好坏依赖于他们情绪的程度。

——[法国]拉罗什福科

这个世界上的真正幸福,并不是接受财物,而是施舍财物给他人。

——[法国]法朗士

对于幸福的追求是一切有生命和爱的生物,一切生存着的和希望生存的生物,一切呼吸着和不以"绝对漠不关心的态度"吸进氮气而不吸进氧气,吸进致死空气而不吸进新鲜空气的生物的基本的原始的追求。

——［德国］费尔巴哈

如果想据某人的状况来评价他的幸福程度，就应询问使他悲伤的事，而不是使他满足的事。

——［德国］叔本华

我们的视野、活动、接触范围越窄，就越感到幸福。如果它们广泛，我们会感到烦恼，而且安全感也会大受威胁。

——［德国］叔本华

有丰富个性的人，这种人的生活，虽然不一定是光辉灿烂的生活，但是最幸福的生活。

——［德国］叔本华

人类获得幸福和交上好运的情境，一般来说，都可以比作一排树木：当远看时，它们显得美丽诱人；但当你走近并进入树丛之中，它们的美丽诱人旋即消散，你再不可能发现它了。这也就是我们常常会羡慕他人的缘故。

——［德国］叔本华

严肃的人的幸福，并不在于风流、游乐与欢笑这种种轻佻的伴侣，而在于坚忍与刚毅。

——［意大利］西塞罗

幸福这东西就像星星一样，黑暗是遮不住它们的，总会有空隙可寻。

——［印度］泰戈尔

顶不住眼前的诱惑，便失掉了未来的幸福。

——［印度］泰戈尔

一个人要是把生活的幸福的目的，只看成吃吃睡睡，他还算是个什么东西？简直不过是一头畜生！

——［英国］莎士比亚

如果你不愿意失去你的幸福，就应该控制这种突如其来的爱情冲动。幸福就在你眼前，但你必须经一些考验才能得到它。

——［德国］歌德

能把自己生命的终点和起点连接起来的人是最幸福的人。

——［德国］歌德

无论帝王还是百姓，在自己家里找到幸福的人为最幸福。

——［德国］歌德

最大的幸福在于我们的缺点得到纠正，和我们的错误得到补救。

——［德国］歌德

一个无所事事的人，胡思乱想出来的最夸张的最狂热的幸福，都是不能和他实际上能够得到的幸福相比。

——［俄国］屠格涅夫

你想成为幸福的人，你首先学会吃得起苦。

——［俄国］屠格涅夫

建立在两厢情愿和理智的基础上的婚姻，是人生最大幸福之一。

——［俄国］屠格涅夫

经验证明，能使大多数人得到幸福的人，他本身也是最幸福的人。

——［德国］马克思

对于一个人来说，只有为他人忘却自己，开始为他人而生存时，世上才有幸福。

——［俄国］果戈理

生活是美好的，但最美好的幸福是——如果需要，为了人们的幸福，献出自己的生命也在所不惜。

——［俄国］车尔尼雪夫斯基

幸福是多方面的，我也是很幸福的。创作产生了无比惊人的快乐。而且我感觉出自己的手也在为我们大家共同建造的美丽楼房（社会主义）砌着砖块，这样，我个人的悲痛便被排除了。

——［苏联］奥斯特洛夫斯基

幸福是一个债主，借你一刻钟的欢悦，叫你付上一船的不幸。

——［法国］福楼拜

当我们觉得一件事是经由自己的努力而赢得的时候，哪怕是极细微的一件事，也会使我们感到幸福。

——［美国］马克·吐温

没有完全的独立，就没有完全的幸福。

——［美国］马克·吐温

我们不能建筑幸福的生活，我们就没有任何权利享受幸福，这正如没有创造财富无权享受财富一样。

——［爱尔兰］萧伯纳

只要一个人，不管走到哪儿，只是带去温暖，光明，快乐，而且宽恕伤害、向仇人大方的微笑，那就再高的幸福也没有了。

——［俄国］契诃夫

人与人的相互关系中对人生的幸福最重要的，莫过于真实、诚意和廉洁。

——［美国］富兰克林

你们应在同伴的幸福和喜悦中分享幸福，而不要从人与人的悲惨冲突中得到幸福！如果你们怀有这种自然的感情，你们生活中的一切负担就会减轻，至少可以忍受得了，你们将会在忍耐中找到出路不虑恐惧，把喜悦带向人间。

——［美国］爱因斯坦

在确保终身幸福的所有努力中，最重要的是结识朋友。

——［古希腊］伊壁鸠鲁

一个人只追求幸福，实际上只能适得其反，他最后会失去幸福。

——［法国］纪德

获得幸福的秘诀，并不在于为了追求快乐而全力以赴，而是在全力以赴之中寻出快乐。

——［法国］纪德

行动不一定能得到幸福；然而，不去行动，决不可能获得幸福。

——［英国］班哲明·狄斯雷利

如追求幸福，为人要完全知足，节制欲望，因为知足为幸福之源反之则为不幸之源。

——《摩奴法典》

人类在开始寻找幸福时，立刻就会陷入找不到幸福的命运，然而这其中并没有什么不可思议的事，因为所谓幸福，就像橱窗里的货物样品一样，只是选择自己所喜欢的东西，而并不是有钱就可以带回去。

——［法国］亚兰

期待着明天而又不为明天到来发愁的人，才了解从容超脱的价值，因而也比别人更加懂得幸福。

——［古罗马］塞涅卡

一个人如果把他的热情寄于提高本人的文化水平这个唯一目的，他就可能更加善良和值得尊敬。当功名心认为伟大和荣耀只在于获得新的知识，而抛弃使人贪婪的不洁动机的时候，人们就会感到幸福。

——［英国］圣西门

人类的幸福只有在身体健康和精神安宁的基础上，才能建立起来。

——［英国］欧文

学到了寻求幸福的方法：限制自己的欲望，而不是设法满足他们。

——［英国］弥尔顿

人类之所以感到幸福的原因，并不是身体健康，也不是财产富足；幸福的感觉是由于心灵诚实，智慧丰硕。

——［古希腊］德谟克里特

幸福是一个不断渴望的过程，从一个目标到另一个目标；达到前者就开辟了通向后者的道路。

——［英国］霍布斯

事业向导
SHIYEXIANGDAO

要努力站得比你的事业还高，使事业全部在你的脚下，你能一目了然，其中每一个小钉都逃不过你的眼睛。

——［苏联］高尔基

事业是一头力大无比的活生生的猛兽，不善于驾驭它不行，必须给它牢牢戴上嚼环，不然，它就会制服你。

——［苏联］高尔基

一切伟大的事业，或者是说一切大事，都是由小事组成的。

——［苏联］高尔基

伟大的事业不靠力气和体力而获得成就，必须依靠忠言、权威和学识。

——［古罗马］辛尼加

开创伟大事业的是天才，完成伟大事业的是辛苦。

——［法国］茹贝尔

有些人因为强烈的愿望，无远见地着手事业，不知不觉地自陷于灭亡。

——［古希腊］伊索

对成年人来说，朋友是辅佐他们完成宏伟事业的臂膀。

——［古希腊］亚里士多德

即便是世上最伟大、最壮丽的事业，兴许也常常需要瘦弱的手去扶掖。

——［英国］斯宾塞

事业常成于坚忍，毁于急躁。我在沙漠中曾亲眼看见，匆忙的旅人落在从容者的后边；疾驰的骏马落后，缓步的骆驼却不断前进。

——［伊朗］萨迪

要是想认真完成一项必要的事业，为人既要灵活，又要有一副铁石心肠。

——［印度］泰戈尔

果实的事业是尊贵的，花的事业是甜美的，但是让我做叶的事业吧，叶是谦逊、专心地垂着绿荫的。

——［印度］泰戈尔

一个平庸之辈能抓住机缘使自己平步青云，这是很难得的。因为伟大的事业降临到渺小人物的身上，仅仅是短暂的瞬间。谁错过了这一瞬间，它决不会再恩赐第二遍。

——［奥地利］茨威格

当一个人完成了从无人做过的事业，或者虽曾有人尝试，但失败了的事业，那么他所获得的荣誉，将远远高于追随别人而做的事业——哪怕后者更难也罢。

——［英国］培根

应当使人相信，你所追求的目的不在荣誉而在事业，你的成功得之于幸运而并非由于你的优异。

——［英国］培根

在冒险的事业中，豪言壮语也可以增加胆力，审慎持重之言反而使人泄气。

——［英国］培根

能使事业趋于正轨者还数忠言。

——［英国］培根

我的人生正是：使事业成为喜悦，使喜悦成为事业。

——［英国］罗素

古今之成大事业、大学问者，罔不经过三种境界："昨夜西风凋碧树，独上高楼，望尽天涯路"，此第一境也。"衣带渐宽终不悔，为伊消得人憔悴"，此第二境也。"众里寻他千百度，蓦然回首，那人却在灯火阑珊处"，此第三境也。

——［中国］王国维

在事业成功的各因素中，个性的重要性远胜过优秀的智力。

——［美国］卡耐基

对微小事物的仔细观察，就是事业、艺术、科学及生命各方面的成功秘诀。

——［美国］史迈尔

表示惊讶，只需一分钟，要做出惊人的事业，却要许多年。

——［法国］爱尔维修

立志是事业的大门，工作是登门入室的旅程。

——［法国］巴斯德

人在一生中，总有着种种的憧憬，种种的理想，种种的计划。假使我们将一切的憧憬都抓住，将一切的理想都实现，将一切的计划都执行，则我们在事业上的成就，真不知要怎样的宏大。

——［美国］马尔腾

普通人在事业上，一经失败，即是一败涂地，一蹶不振。然而那些具备坚忍力的人，能够坚持的人，而且不自知其在何时才算受挫的人，是不会一败涂地的。

——［美国］马尔腾

假使你要在世界上做些事业，留些痕迹，要在文化的推进中尽些力，你需要摒弃一切浪费你的生命储能与活力的东西。

——［美国］马尔腾

一个要想求事业进步的人，必须常同外界接触。他必须常去参观，拜访同业的各商店、展览会以及其他种种可以使你有机会得到营业上的新方法、新观念的场所。在你事业的血管中，注入新血液。

——［美国］马尔腾

我们大家联结在一个共同的事业上，每个人都按自己的力量和可能来推进这个共同的事业。在我们这里，往往辨别不出哪是"我的"，哪是"你的"。但是，正因为这样做，我们的共同事业才赢得胜利。

——［苏联］巴甫洛夫

人必须有一个无法放弃、无法搁下的事业，才能变得无比地坚强。

——［俄国］车尔尼雪夫斯基

人的思想是了不起的，只要专注于某一项事业，那就一定会做出使自己感到吃惊的成绩来。

——［美国］马克·吐温

同时做两种事业，这是不可能的。费尽力气去拉拢有利益的关系以及想去扮演一个重要角色，所有这些活动对于艺术是无经于事的。

——［法国］罗丹

今天所做之事，勿候明天，自己所做之事，勿候他人。要做一番伟大的事业，总得在青年时代开始。

——［德国］歌德

单个的人是软弱无力的，就像漂流的鲁滨孙一样，只有同别人在一起，他才能完成许多事业。

——［德国］叔本华

合伙的人不一致，事业就要搞得糟糕，虽然自始至终担心着急，还是一点儿进展也没有。

——［俄国］克雷洛夫

切实苦干的人，往往不是高谈阔论，他们惊天动地的事业显出了他们的伟大，在筹划重大事业的时候，他们是默不作声的。

——［俄国］克雷洛夫

一个人只有以他全部的力量和精神致力于某一事业时，才能成为一个真正的大师。因此，只有全力以赴才能精通。

——［美国］爱因斯坦

每一个伟大的事业，开头总只为少数有闯劲的人所信奉。

——［美国］爱因斯坦

一个事业上获得成功的人往往比他的同辈人更明白这一点：知道的东西少一点，比知道的多一点要稳当得多。

——［英国］塞缪尔·巴特勒

　　在一些伟大的事业上没有才智与灵感，仅靠力量与顽强也是永远不够的。

——［捷克］夸美纽斯

　　要成就一件大事业，必须从小事做起。

——［俄国］列宁

　　伟大的事业，要靠坚强的决心和强烈的愿望才能完成。

——［日本］松下幸之助

　　伟大的事业，需要决心、能力、组织和责任感。

——［挪威］易卜生

　　一个人在哪儿都能找到自己的天地，只要他肯付出代价。

——［美国］亨利·詹姆斯

　　大事业的成就不是靠筋肉、速度，或身体的灵巧，而是靠思想，人格，或判断；在这几点上，老年人不但不比年轻人差，而且比年轻人好。

——［意大利］西塞罗

　　在创造家的事业中，每一步都要深思而后行，而不是盲目地瞎碰。

——［苏联］米丘林

　　我们做人处理事情，要真正做到明白，不受别人的蒙蔽并不难，最难的是不要受自己的蒙蔽。所以创任何事业，最怕的是自己的毛病；以现在的话来说，不要受自己的蒙蔽，头脑要绝对清楚，这就是"辨惑"。

——[中国]南怀瑾

要完成伟大的事业,梦想和行动缺一不可。

——[法国]法朗士

若无热情,没有任何伟大的事业会被完成。

——[美国]爱默生

毫无疑问,我们真正的事业不是去看远方模糊的事,而是去做近在眼前的事。

——[英国]卡莱尔

情感体味

Qing Gan Ti Wei

> 情感的本身来源于我们的需要,而情感的发展则来源于我们的认识。
>
> ——［法国］卢梭

情感解析
QINGGANJIEXI

情感,是指嗜欲、愤怒、恐惧、自信、嫉妒、喜悦、友情、憎恨、渴望、好胜心、怜悯心和一般伴随痛苦或快乐的各种感情。

——［古希腊］亚里士多德

感情乃是一切人相互依存的东西。

——［英国］狄更斯

在情感的海上,没有指南针,只好在奇异的事件前面束手无策地随意漂流。

——［法国］巴尔扎克

感情在无论什么东西上面都能留下痕迹,并且能穿越空间。

——［法国］巴尔扎克

一个常人,有感情作基础,就可以比倒最伟大的艺术家。这说明女人为什么爱着一些"蠢材"。

——［法国］巴尔扎克

情感的本身来源于我们的需要,而情感的发展则来源于我们的认识。

——［法国］卢梭

情感就是对自己的爱、对痛苦的忧虑、对死亡的恐惧和对幸福的向往。

——［法国］卢梭

情感在很大程度上依赖于悟性。由于情感的活动，我们的理性才能够趋于完善。

——［法国］卢梭

情感丰富固然是一切美德的源泉，但也是酿成许多灾难的始因。

——［美国］杰斐逊

其所以为情者七：曰喜、曰怒、曰哀、曰惧、曰爱、曰恶、曰欲。

——［中国］韩愈

世界上还没有人、没有东西能打消和抑制住非我们的意志所能左右的内心感情。

——［苏联］维·阿斯塔菲耶夫

人们的自觉行动是受感情支配的。

——［英国］欧文

野心、贪婪、自爱、虚荣、友谊、慷慨、公共精神，这些在不同程度上掺杂在一起而遍布社会的情感，自有史以来一直是所有行动和事业的动因。它们已为人类所注视。

——［英国］休谟

感情虽然难以控制，但却是一种强大的动力。

——［美国］爱默生

真实不妄的情感等于一种纯洁而有力量的白兰地，如果饮用适量，可以补养身体，增进健康。

——［德国］别尔内

任何一种共同的感情，甚至是悲痛的心情，都能团结人们，提高他们。

——［俄国］屠格涅夫

不是血肉的联系，而是情感和精神的相通，使一个人有权利去援助另一个人。

——［俄国］柴可夫斯基

世界上的一切并不都是出自必要、出自理智才去做的，往往没有任何必要，而仅仅是出于情感。

——［苏联］柯切托夫

人生的乐趣不在别处，只在感情。有感情才有快乐，才知道人间诸般滋味。如果没有感情，人生也就寂寞了。

——［法国］罗曼·罗兰

用感情做掩护的心计最能打动人，即使对方心中抱着极大的悲痛也会烟消云散。

——［法国］巴尔扎克

凡是强烈的感情需要行动的时候，都有那种万无一失的本领。

——［法国］罗曼·罗兰

性情迟钝淡漠的人遇到了不幸是毫无感觉的，性情浅薄的人遇到了不幸，他的感情仅只是演说式的做作。

——［美国］爱默生

在一个完满的世界里，每个有情感的人，对其他任何人来说，都是最完满的。

——［英国］罗素

感情不可能有静止状态，它不是向这个方向发展，就是向那个方向发展。

——［美国］亨利·詹姆斯

人总是有感情的，总是在喜爱一些事物和憎恨一些事物的，虽然每个人的感情的趋向和程度是有差别的。

——［中国］艾青

情感是不应当听其自然的，它们完全像思想一样，思想之火经常被强迫着从事活动，引导下一个方向，要不然它们就会变得空虚，开始分散了。

——［苏联］费定

感情的长处在于会使我们迷失方向，而科学的长处就在于它是不动感情的。

——［英国］王尔德

我们对于情感的理解愈多，则我们愈能控制情感，而心灵感受情感的痛苦也愈少。

——［荷兰］斯宾诺莎

人铭记理性的法规是由于有不受诱惑的意识，人铭记自然的法规是由于有不可泯灭的情感。

——［德国］席勒

所有的感情在本性上都是好的，我们应当避免的只是对它们的误用或滥用。

——［法国］笛卡儿

一个人必须了解自己的情感，要么加以培养，要么加以抑制。

——［苏联］高尔基

人抛弃理智就要受感情的支配，脆弱的感情泛滥不可收拾，就像一只船不小心地驶入了深海，找不着停泊处。

——［美国］马克·吐温

这倒是常有的事：一个人在自己的感情圈子里走不出来，于是就胡言乱语起来。这不是由于别的什么原因，而是由于多余的、愚蠢的狂热。

——［俄国］陀思妥耶夫斯基

在不同的环境中，人类的情感怎样变幻无常啊！我们今天所爱的，往往是我们所恨的；我们今天所追求的，往往是我们明天所逃避的；我们今天所愿望的，往往是我们明天所害怕的，甚至是胆战心惊的。

——［英国］笛福

人的情感，人的理智，这两重灵性的发达与天赋，不一定是平均的。有些人，是理智胜于情感，有些人是情感溢于理智。

——［中国］郁达夫

抵制情感的冲动，而不是屈从于它，人才有可能得到心灵上的安宁。

——［美国］托马斯

情感放纵无度会导致灾难性的后果，但是过分冷静的思考，缺乏感情冲动，也必然使人的心理变态。

——［保加利亚］瓦西列夫

爱情箴言
AIQINGZHENYAN

爱情，这不是一颗心去敲打另一颗心，而是两颗心共同撞击的火花。

——［苏联］伊萨可夫斯基

伟大的爱情，一种明朗的思想，一种根深蒂固久经考验的信仰，是我们永恒的财富。

——［美国］桑塔耶纳

如果你不愿意失去你的幸福，就应该控制这种突如其来的爱情冲动。幸福就在你眼前，但你必须经一些考验才能得到它。

——［德国］歌德

没有爱情的人生是什么？是没有黎明的长夜！

——［英国］彭斯

爱情是一朵生长在绝崖边缘的花，要想采摘它必须有勇气。

——［英国］莎士比亚

只有真正的和持久的爱情，只有当爱情使他们产生了一种坚定的决心，使他们本着坚贞不渝、坚忍不拔和始终如一的精神来履行彼此的职责，总之，只有他们处处为对方着想，爱情才会带来幸福。

——［英国］狄更斯

爱情是一把打开幸福、嫉妒之门的万能钥匙，而最容易打开的是恐惧之门。

——佚名

惧怕爱情就是惧怕生活，而惧怕生活的人就等于半具僵尸。

——［英国］罗素

在人类的各种情欲中，有两种是特别具有迷人之魔力的，这就是爱情与嫉妒。这两种感情都能激发出强烈的欲望，创造出虚幻的意象和观念，并且足以蛊惑人的心灵。

——［英国］培根

当时间流过，一切冲动，激情，浪漫消失，你对那个人的关心及牵挂仍然丝毫未减，那便是爱了。

——佚名

爱情是生命的盐。

——［英国］约·谢菲尔德

这世界要是没有爱情，它在我们心中还会有什么意义，这就如一盏没有亮光的走马灯。

——［德国］歌德

如果恋人们在爱情中所交换的不是快乐而是实用，那么爱情就要降低，并且不能持久。那些因有用而结成的朋友，一旦用处没有了，也就相互分手了。因为他们并不是真正的朋友，不过是为了相互利用。

——［古希腊］亚里士多德

在真正相爱的心中，不是嫉妒扼杀了爱情，就是爱情扼杀嫉妒。

——［法国］布尔热

假如见到一个美人就痴情颠倒，这颗心就乱了，永远定不下来。因为美人多得数不尽，他的爱情就茫无归宿了。

——［西班牙］塞万提斯

毫无经验的初恋是迷人的，但经受得起考验的爱情是无价的。

——［俄国］马尔林斯基

在感情的世界里，尽管关山阻隔，情高意真的人自会是心有灵犀。

——［奥地利］茨威格

一个人一旦领略过纯洁的爱情带来的纯真的喜悦，不论他曾经在精神和智力生活中得到那么巨大的乐趣，恐怕他都会将自己的恋爱阶段看做一生征途中最为璀璨耀眼的一点，这一点会成为他的想象尽情遨游的世界，会引起他带着最甜蜜、最缠绵的遗憾的记忆和回味，会变成他最渴望再现的梦。

——［英国］马尔萨斯

初萌的爱情看到的仅是生命，持续的爱情看到的是永恒。

——［法国］雨果

真正的感情是毋需用语言表达的，爱情这只能是心领神会的隐秘。

——［苏联］叶·邦达列娃

任何时候为爱情付出的一切都不会白白浪费。

——［意大利］塔索

爱情是抵抗不住繁琐的家务的，必须一方有极坚强的品质，夫妻才能幸福。

——［法国］巴尔扎克

爱情，它高于上帝，这是人类永恒的美和力量，人们世代交替，我们每个人都不免变成一抔黄土，但爱情却成为人类种族的生命力永不衰败的纽带。

——［苏联］苏霍姆林斯基

如果我的生命中没有智慧，它仅仅会黯然失色；如果我的生命中没有爱情，它就会毁灭。

——［法国］蒙泰朗

人生下来就是为了爱；爱是人生的原则和唯一的目的。

——［英国］迪斯累利

没有爱情的人生叫受罪。

——［英国］康格里夫

爱的欢乐寓于爱之中，享受爱情比唤起爱更加令人幸福。

——［法国］拉罗什富科

只要男女真心相爱，即使终了不成眷属，也还是甜蜜的。

——［英国］丁尼生

爱的力量是和平，从不顾理性、成规和荣辱，它能使一切恐惧、震惊和痛苦在身受时化作甜蜜。

——［英国］莎士比亚

爱神奏出无声旋律，远比乐器奏出的悦耳动听。

——［英国］托·布朗

什么是爱情？爱情是大自然的珍宝，是欢乐的宝库，是最大的愉快，是从不使人生厌的祝福。

——［英国］查特顿

爱是人生的本性，就像太阳要放射光芒；它是人类灵魂最惬意，最自然的受用；没有它，人就蒙昧而可悲。没有享受过之欢乐的人，无异于白活一辈子，空受煎熬。

——［英国］特拉赫恩

爱神能征服一切，我们还是向爱神屈服吧！

——［意大利］维吉尔

在这个只有两个人有份的特殊恩赐之中，相互间有一处特别甜蜜的爱，是不能用笔墨和语言来表现的。

——［俄国］赫尔岑

爱情，只有情，可以使人敢于为所爱的人献出生命；这一点，不但男人能做到，而且女人也能做到。

——［古希腊］柏拉图

爱情之所以有价值，是因为它促进了一切最大的快乐，诸如对音乐、高山、日出以及皓月当空的大海的欣赏。一个从未和自己所爱的女子一起欣赏过美好事物的人，便不能充分体会到这些事物具有的神奇魅力。

——［英国］罗素

青春的恋爱就像阴晴不定的四月天气，太阳的光彩刚刚照耀大地，片刻间就遮上了黑沉沉的乌云一片！

——［英国］莎士比亚

在恋爱中的人们，越是到处宣扬着他们的爱情的，他们的爱情越是靠不住。

——［英国］莎士比亚

恋慕的感情是因对方的人品而产生的，在热恋着的眼里，对方容貌上的缺欠这反倒可能成为姣美之处。

——［日本］池田大作

相爱，就是一个人不仅仅向生活索取欢乐，而首先是把欢乐献给所爱的人。

——［苏联］苏霍姆林斯基

意见和感情的相同，比接触更能把两个人结合在一起；这样子，两个人尽管隔得很远，却也很接近。

——［俄国］柴可夫斯基

真正爱的人没有什么爱得多爱得少的，他是把自己整个儿给他所爱的人的。

——［法国］罗曼·罗兰

没有一场深刻的恋爱，人生等于虚度一样。

——［法国］罗曼·罗兰

一见钟情的事确实是有的；这种爱情到后来不是在逐渐熄灭，就是在逐渐燃烧起来。

——［苏联］普里列扎耶娃

如果你想被别人爱，你首先必须使自己值得爱，不是一天，一个星期，而是永远。

——佚名

爱情的代价就是如此，不能得到回报，就会得到一种深藏于爱的轻蔑，这是一条永恒的定律。由此可见，人们应当十分警惕这种感情。因为它不但会使人丧失其他，而且可以使人丧失自己本身。

——［英国］培根

爱一个人意味着什么呢？这意味着为他的幸福而高兴，为使他能够更幸福而去做需要做的一切，并从这当中得到快乐。

——［俄国］车尔尼雪夫斯基

朋友情谊
PENGYOUQINGYI

得不到友谊的人将是终身可怜的孤独者,没有友情的社会则只是一片繁华的沙漠,因此那种乐于孤独的人,其性格不属于人而是属于兽的。

——[英国]培根

如果你把快乐告诉一个朋友,你将得到两个快乐,而如果你把忧愁向一个朋友倾吐,你将被分掉一半忧愁。

——[英国]培根

只有对朋友,你才可以尽情倾诉你的忧愁与欢乐,恐惧与希望、猜疑与劝慰。

——[英国]培根

有时与朋友做一小时的促膝交谈可以比一整天的沉思默想更能令人聪明。

——[英国]培根

当你遭遇挫折而感到愤懑抑郁的时候,向知心挚友的一席倾诉可以使你得到疏导。

——[英国]培根

朋友是不分国籍，不限年龄，不拘性别的，只要理想相同，兴趣相近，情感相洽，意气相投的人，都可以很坚固的联结在一起。

——［中国］冰心

真正的朋友，不把友谊挂在口头上，他们并不为了友谊而相互要求点什么，而是彼此为对方做一切办得到的事。

——［俄国］别林斯基

友谊也像花朵，好好地培养，可以开得更心花怒放，可是一旦任性或者不幸从根本上破坏了友谊，这朵花心上盛开的花，可以立刻委顿凋谢的。

——［法国］大仲马

友谊与爱情之间的区别在于，友谊意味着两个人和世界，然而爱情意味着两个人就是世界，在友谊中一加一等于二，在爱情中一加一还是一。

——［印度］泰戈尔

真正的朋友在精神方面的感应，和狗的嗅觉一样灵敏；他们能体会到朋友的悲伤，猜到悲伤的原因，老在心里牵挂着。

——［法国］巴尔扎克

当他身居要职的时候，不会愿意接待朋友，有一天他失意伤心，才会需要朋友同情。

——［伊朗］萨迪

人一生中有多少事务是不能靠自己去做的，就可以知道友谊有多少种益处了。

——［英国］培根

友谊对人生是不可缺少的，如果没有友情，生活就不会有悦耳的和音。

——［英国］培根

真正的友情，是一株成长缓慢的植物。

——［美国］华盛顿

我宁愿以诚挚获得一百名敌人的攻击，也不愿以伪善得获十个朋友的赞扬。

——［匈牙利］裴多菲

你对着有趣的人，你并不必多谈话，只是戳然相对，心领神会，便可觉得朋友间的无上至乐。

——［中国］朱光潜

一个人觉得自己在朋友心中占着那么重要的地位，即使自以为不够资格，也是最快乐的。

——［法国］罗曼·罗兰

友谊需要忠诚是播种，热情去灌溉，原则去培养，谅解去护理。

——［德国］马克思

友谊不是别的，而是一种以善意和爱心去连接世上一切神俗事的和谐。

——［意大利］西塞罗

世间最美好的东西，莫过于有几个头脑和心地都很正直的严正的朋友。

——［美国］爱因斯坦

失掉母爱最可怜，失掉妻爱最凄凉，失掉友爱最孤单。

——［法国］左拉

对年轻人来说，朋友是提醒他们不犯错误的谋士，对老年人来说，朋友是补充他们衰竭的体力，照顾他们生活困难的助手，对成年人来说，朋友是辅佐他们完成宏伟事业的臂膀。

——［古希腊］亚里士多德

名声、荣誉、快乐、财富这些东西，如果同友情相比，它们都是尘土。

——［英国］达尔文

财富并非是永久之朋友，但朋友却是永久之财富。

——［俄国］托尔斯泰

对于身心惨遭摧残，濒于死去的人来说，朋友的真诚相助，将是一种再生之恩。

——［英国］狄更斯

友谊是两个人通过平等地相爱与相敬形成的结合，显而易见，友谊是一种理想境界。

——［法国］康德

人生是有限的，有多少事情，人来不及做完就死去了，但一位知心的挚友，却能承担你所未做完的事，因此一个好朋友实际上使你获得又一次生命。

——［英国］培根

当你遭遇挫折而感到愤懑抑郁的时候，向知心挚友的一席倾诉可以使你得到疏导，否则这种积郁会使人致病。

——［英国］培根

是友人，必然相爱，是恋人未必永远和睦，所以友谊总是给人带来幸福，而爱情却常常带来痛苦。

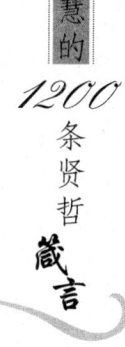

——[古罗马]塞涅卡

友谊决不是发生在当共同的爱好把两人结成一伙，意欲得到一切荣誉的时候。为什么呢？因为他们知道一切，特别是他们共同的挫折——都要两人共同来承担。

——[古罗马]塞涅卡

不仅应该在保持旧的、业已确立的友谊之中，而且应该在刚开始的、正在建立的友谊之中去寻求最大的快乐。已经得到一个朋友和实际上去交一个朋友，二者之间的区别同农夫的收割和播种之间的区别是一样的。

——[古罗马]塞涅卡

友谊的真正价值在人们所感到友谊之中比在人们所唤起的友谊中体现得更多。

——[法国]卢梭

真正的友情中不存有丝毫的猜疑或利己之心，它与物质或肉体都毫无关系，而仅仅存在着心灵与心灵间的联系。

——[日本]池田大作

一个人受了友谊的感动去办事的时候，本来胆小的变得勇敢了，本来怕羞的有了自信了。

——[英国]萨克雷

一个朋友应当原谅他朋友的过失。

——[英国]莎士比亚

友谊是最纯粹的爱。它是爱的最高形式，它不要求任何东西，它没有任何条件。

——［印度］奥修

朋友间必须是患难相济，那才能说得是真正的友谊。

——［英国］莎士比亚

如果友情在青年人之间变成了爱情，在老年人之间成为回忆的话，男女之间的友情是美好的。

——［日本］冈察洛夫

只有当你给你的朋友以某种帮助时，你的精神才能变得丰富起来。

——［苏联］苏霍姆林斯基

友谊是培养人的感情的学校。

——［苏联］苏霍姆林斯基

即使我不能安慰你，至少可以分担你一切的愁痛，老实说，这才是朋友之道。

——［英国］乔叟

一生之中交一个朋友谓之足，交两个朋友谓之多，交三个朋友谓之难得。

——［美国］亚当斯

无论是多情的诗句，漂亮的文章，还是闲暇的欢乐，什么都不能代替无比亲密的友情。

——［俄国］普希金

友谊是痛苦和灵魂和温柔的安慰者。

——［俄国］普希金

智慧、友爱这是照亮我们在黑夜的唯一的光亮。

——［法国］罗曼·罗兰

一个朋友的益处比水与火更令人愉快和不可缺少。

——［法国］蒙田

失去真正的朋友，如同失去生命。

——［英国］培根

不是真正的朋友，再重的礼品也敲不开心扉。

——［英国］培根

朋友看朋友是透明的，他们彼此交换生命。

——［法国］罗曼·罗兰

父亲是财源，兄弟是安慰，而朋友即是财源，又是安慰。

——［美国］富兰克林

最亲爱的朋友，是荒野中的甘泉。

——［英国］艾略特

真正的朋友，是孕育在两个躯体的一个灵魂。

——［古希腊］亚里士多德

友谊是联结同类心灵的纽带，它们既被双方的力量联结在一起，又是独立的。

——［法国］巴尔扎克

友谊是灵魂的结合，这个结合是可以离异的，这是两个敏感、正直的人之间心照不宣的契约。

——［法国］伏尔泰

友谊真是一样最神圣的东西，不光是值得特别推崇，而且值得永远赞扬。它是慷慨和荣誉的最贤惠的母亲，最感激和仁慈的姐妹，是憎恨和贪婪的死敌；它时时刻刻都准备舍已为人，而且完全出于自愿，不用他人恳求。

——［意大利］薄伽丘

友情是天堂，没有它就像下地狱；友情是生命，没有它就意味着死亡。

——［美国］威·莫里斯

亲情感言

QINQINGGANYAN

世间再没有像手足之情这样高尚的情感。家庭不和使人鄙陋庸俗——家庭融洽使人意气昂扬。

——［英国］夏洛蒂·勃朗特

在子女面前，父母要善于隐藏他们的一切快乐、烦恼与恐惧。他们的快乐无需说，而他们的烦恼与恐惧则不能说。子女使他们的劳苦变甜，但也使他们的不幸更苦。

——［英国］培根

一个人爱子胜于爱父……首先，因为父母爱子女犹如爱自身的一部分；但父亲可不是他儿子的一部分，因此父亲对孩子的爱，更像对自己的爱。其次，因为父母十分清楚他们的孩子是什么样个人，孩子却不大了解父母。第三，因为孩子作为父母的一部分而更亲近他们，父母却与孩子较疏；父母使他们与万物之源相联系。第四，因为父母的爱经历的时间更长，父亲从孩子一落地就爱他，而孩子在间隔一段时间后才开始产生爱；爱经历得越久，爱得越牢固。

——［意大利］阿奎那

家是父亲的王国，母亲的世界，儿童的乐园。

——［美国］爱默生

人世间最美丽的情景是出现在当我们怀念母亲的时候。

——［法国］莫泊桑

父不慈则子不孝，兄不友则弟不恭，夫不义则妇不顺。

——［中国］颜之推

家是世界上唯一隐藏人类缺点与失败，而同时也蕴藏着甜蜜之爱的地方。

——［爱尔兰］萧伯纳

对于亚当，天堂是他的家，而他的后裔，家就是天堂。

——［法国］伏尔泰

家人互相结合在一起，才真正是这人间的唯一幸福。

——［法国］居里夫人

父母的爱是天地间最伟大的爱。一个孩子，自从呱呱坠地，父母就开始爱他，鞠之育之，不辞劳苦，稍长，令之就学，督之课之，唯恐不逮。及其成人，男有室，女有归，虽云大事已毕，父母之爱固未尝稍杀。……父母的爱是天生的，是自然的，如天降甘霖，沛然而莫之能御。……维护人类生命之最大的、最原始的、最美妙的、最神秘的力量莫过于父母的爱。

——［中国］梁实秋

家是这样一个地方，当你不得不去那儿时，他们必须让你进去。

——［美国］弗罗斯特

走遍天涯觅不到自己所需要的东西的人，回到家里就发现它了。

——［英国］莫尔

一个好妻子，除了处理家务外，她必须兼有慈母、良伴、恋人三种品质。

——［英国］莎士比亚

贫贱之交不可忘，糟糠之妻不下堂。

——［中国］班固

我的儿子在未娶妻之前是我的儿子，但我的女儿却一生永远是我的女儿。

——［英国］富勒

孩子们首先爱他们的双亲。随着长大，便批评双亲。这就是他们时时原谅双亲的缘故。

——［英国］王尔德

父母对自己的子女爱得不够，子女就会感到痛苦，但是过分的溺爱，虽然是一种伟大的情感，却会使子女遭到毁灭。

——［苏联］马卡连柯

对于孩子来说，有如营养般重要的是双亲的爱。有时，苦似良药的严格和无限宽宏的理解都能有利于孩子的成长。

——［日本］池田大作

一个孩子，必须有一个时期处于为父母所爱和信任的环境中，而理性的东西也必然在他身上表现为他自己特有的主观性，在他幼年时代，母亲的教育尤其重要，因为伦理必须在儿童心灵中培植起来。大体来说，子女之爱父母不及父母之爱子女，这是因为子女正处于独立自主向前进，并日益壮大起来，于是会把父母丢在后面；至于父母则在子女身上获得了安慰。

——［德国］黑格尔

现代家庭的重要性，只在于使父母获得一种亲于感情。这种感情，无论对于父亲还是母亲都很重要，它直接影响人们的行为与生活。一切有孩子的夫妻，总是根据孩子而规划自己的生活。

——［英国］罗素

如果要打孩子，请你注意，你是否是在生气时打他，因为如果这样，会有使孩子终生残废的危险。冷酷地打一巴掌既不可以，也不应该。

——［爱尔兰］萧伯纳

苦乐两味

KULELIANGWEI

快乐是通往与无限结合成一体那种境地的神秘路径之一。

——[英国]赫胥黎

人的快乐——这是最能使人原形毕露的。有的人的性格经过很久还捉摸不透,但只要这个人由衷地放声大笑起来,对他的整个性格就会了如指掌。

——[俄国]陀思妥耶夫斯基

快乐和痛苦,就像光明和黑暗一样,是互相交替的。

——[美国]朗弗罗

悲伤可以自行料理;然而欢乐的滋味如果要充分体会,你就必须有人分享才行。

——[美国]马克·吐温

充满着欢乐与战斗精神的人们,永远带着快乐,欢迎雷霆与阳光……

——[英国]赫胥黎

喜乐像露珠一样地脆弱,它在欢笑中死去。哀愁却是坚强而耐久。让含愁的爱在你眼中醒起吧。

——［印度］泰戈尔

凡知道快乐与自由的人，并不是因为他不再受到任何约束，而是因为约束本身变成了取得极乐的手段，就如同爱人围抱着他的那两条胳臂一样。

——［印度］泰戈尔

在美好的景色、悦耳的声音和扑鼻的芳香给我带来的愉快当中，我不会紧锁住自己感官的大门。

——［印度］泰戈尔

悲观的人虽生犹死，乐观的人永生不老。

——［英国］拜伦

如果一个人前面没有任何的快乐，那他就不会生存在世界上。人的生活的真正刺激是明天的快乐。

——［苏联］马卡连柯

与万古常新的不朽的日月相比较，下界一切生灭，在敏感者的眼中都是可悲哀的状态，何况日月也不见得是不朽的东西呢？

——［中国］丰子恺

人们对于所爱的东西失而复得，比保持不失感到更大的快乐。

——［意大利］奥古斯丁

欢乐不需要信仰和排场，也不需要豪言壮语，它自己就是一切。

——［法国］巴尔扎克

我们这些具有无限精神的人，就是为痛苦和欢乐而生的，几乎可以这样说，最优秀的人物皆透过痛苦才得到快乐的。

——［德国］贝多芬

快乐是经常来访的客人，痛苦则残忍地缠绕着我们。

——［英国］济慈

悲哀中的快乐比快乐本身中的快乐更加甜蜜，因此人们说："走入哀悼这屋胜于踏入快乐之门"。

——［英国］雪莱

适当的悲哀可以表示感情的深切，过渡的伤心却可以证明智慧的欠缺。

——［英国］莎士比亚

如果人们不对悲伤屈服，过度的悲伤不久就会自己告终的。

——［英国］莎士比亚

心里最好常保快乐，如此就能防止百害，延长寿命。

——［英国］莎士比亚

郁结不发的悲哀正像闷塞了的大炉一样，会把一颗心烧成灰烬。

——［英国］莎士比亚

快乐不在于外，而在于心灵，既可以在任何地方获得，也可能在任何地方得不到。

——［意大利］贺拉斯

愉快的精神是获得幸福的要素，健康有助于精神愉快，但要精神愉快仅是身体健康还不够，一个身体健康的人可能终日愁眉苦脸，悒郁不堪。

——［德国］叔本华

对一个乐观的人来说，某种情景只不过是一种令人可笑的冲突，忧郁的人却把它当做悲剧，但在恬淡的人看来又毫无意义。

——［德国］叔本华

最令人雀跃的大喜悦，通常接续在饱尝最大的痛苦之后。

——［德国］叔本华

最悲苦的是死于慈母或爱人误进的毒药，战友乱发的流弹，病菌的并无恶意的侵入，不是我自己制定的死刑。

——［中国］鲁迅

我们今天的悲哀里最苦的东西，是我们昨天的欢乐的回忆。

——［黎巴嫩］纪伯伦

和你一同笑过的人，你可能把他忘掉；但是和你一同哭过的人，你却永远不忘。

——［黎巴嫩］纪伯伦

森林中的大树，要不同大风猛雨搏斗过千百回，树干就不能长得十分结实。同样，人不遭种种阻碍，他的人格、本领，也是不会长得十分结实，所以一切的折磨、忧苦、悲哀，都是足以助长我们，锻炼我们的。

——［美国］马尔腾

乐观的思想会驱除悲观，愉快会赶走悲愁，希望会消灭失望。

——［美国］马尔腾

乐观是一首激昂优美的进行曲，时刻鼓舞着你向事业的大路勇猛前进。

——［法国］大仲马

无论是欢乐还是欢娱，都必须有一定程度的掩饰，过分就会激怒别人，被当做丑行而使诸君遭到报复。

——［法国］圣佩韦

快乐没有本来就是坏的，但是有些快乐的产生者却带来了大许多倍的烦忧。

——［希腊］伊壁鸠鲁

当我们说快乐是最终目的的时候，我们并不是指某些人所想的放荡者的快乐或肉体享受的快乐，这些人或者是不知道，或者是不同意，或者是曲解我们的意思；我们所谓的快乐是指身体的无痛苦和灵魂的无纷扰。

——［希腊］伊壁鸠鲁

不是一切快乐，只是正直高尚的快乐才能构成幸福。

——［英国］莫尔

你虽在困苦中也不要惴惴不安，往往总是从暗处流出生命之泉。……不要因为时运不济而郁郁寡欢，忍耐虽然痛苦，果实地最香甜。

——［伊朗］萨迪

人们在自己不快乐时，很少能给别人以快乐。

——［英国］约翰逊

知识和学习的快乐和欣喜在本质上远远胜过其他所有的快乐。

——［英国］培根

比起欢笑来，我还是欢喜愉快。我认为前者是一种行为，后者是一种精神习惯。欢笑短暂易逝，愉快却是不变而经久。

——［英国］艾迪生

最明亮的欢乐火焰大概都是由意外的火花点燃的，人生道路上不时散发出芳香的花朵，也是从偶然落下的种子自然生长起来的。

——［英国］约翰逊

快乐的生活很大程度上是宁静的生活，因为真正的欢乐只有在宁静的气氛中才敢驻足。

——［英国］罗素

有位数学家说过，快乐是在寻找真理，而不是在发现真理。

——［俄国］托尔斯泰

快乐既然是人类和兽类所共同追求的东西，所以从某种意义上说，它就是最高的善。

——［古希腊］亚里士多德

保持快乐，你就会干得好，就会更成功，更健康，对别人也就更仁慈。

——［美国］马克斯威尔

人类最快乐的思想之一就是想到有人需要自己，想到他很重要，很有能力，能帮助别人得到更多的快乐。

——［美国］马克斯威尔

所谓内心的快乐，是一个人过着健全的、正常的、和谐的生活所感到的快乐。

——［法国］罗曼·罗兰

愉快的生活是由愉快的思想造成的。

——［英国］牛顿

快乐的缘由可以分为三点：第一，与他人分享你的快乐越多，你就越觉得快乐。第二，心情快乐的时刻，往往变得格外才思敏捷，聪慧过人。第三，快乐是善，愁苦是恶。

——［美国］莫尔兹

烦忧见解
FANYOUJIANJIE

　　固执不变的哀伤却是一种逆天悖理的愚行,不是堂堂男子所应有的举动;它表现出一个不肯安于天命的意志,一个经不起艰难痛苦的心,一个缺少忍耐的头脑和一个简单愚昧的理性。

——[英国]莎士比亚

　　我自己已经有太多的忧愁重压在我的心头,你对我表示的同情,徒然使我在太多的忧愁之上再加上一重忧愁。

——[英国]莎士比亚

　　人们因为一时的猜疑而引起的恐惧,往往会由于忧虑愈形增长,先不过是害怕可能发生的祸害,跟着就会苦苦谋求防止的对策。

——[英国]莎士比亚

　　让我们不要用过去的哀愁拖累我们的记忆。

——[英国]莎士比亚

　　烦恼只证实一点,那就是我们想要欢乐的心地还不够明朗。

——[法国]大仲马

　　喝醉酒不能给人安慰,只能使忧伤推迟,而忧伤在以后出现的时候,会更加厉害，更加剧烈。

——［法国］小仲马

愤怒与忧郁，不但能使人消沉与沮丧，而且有时可能置人于死地。

——［美国］福莱奇尔

生存和苦恼都是战斗行为。只有和苦恼战斗，并且表现出坚忍气概的人，才算是一个顶天立地的人。

——［法国］罗曼·罗兰

每人有每人的烦恼，每人的烦恼都是按照自己的尺寸造成的，只不过，人人的烦恼都不一样。

——［法国］罗曼·曼兰

人在烦躁不安的时候，往往愿意把别人也惹得烦躁不安。

——［法国］罗曼·罗兰

苦闷和烦恼，对于拥有深情和能够自省的人来说是必然的。

——［俄国］陀思妥耶夫斯基

苦恼和死亡是联结在一起的。它们制造了一条迷路，虽然人们都希望离开它，但相当困难。

——［德国］叔本华

忧思在我的心里平静下去，正如暮色降临在寂静的山林中。

——［印度］泰戈尔

经得起各种诱惑和烦恼的考验，才算达到了最完美的心灵健康。

——［英国］培根

世间许多漂亮的女人，心中忧愁过多，年龄未老，而美貌已经消逝了。

——［法国］司汤达

当我回顾所有的烦恼时，想起一位老人的故事，他临终时说一生中烦恼太多，但大部分担忧的事却从未发生过。

——［英国］丘吉尔

烦恼是心智的沉溺。

——［美国］富兰克林

忧虑像一把摇椅；它可以使你有事做、但却不能使你前进一步。

——［德国］席勒

如果事物总是毫无变化地重复刺激大脑，大脑就会开小差，感到厌烦。

——［荷兰］伊拉斯谟

新的火焰可以把旧的火焰扑灭，大的苦痛可以使小的苦痛减轻；头晕目眩的时候，只要转身向后；一桩绝望的忧伤，也可以用另一桩烦恼把它驱除。

——［英国］莎士比亚

一个人只要有事可干，他就不会感到厌烦。

——［美国］亨利·詹姆斯

艰苦的生活一经变成习惯，就会使愉快的感觉大为增加，而舒适的生活将会带来无限的烦恼的。

——［法国］卢梭

莫把烦恼放在心上，免得白了少年头，莫把烦恼放心上，免得未老先丧生。

——［英国］狄更斯

我尽量掩饰那些昨天曾发生过的烦恼，就像永远没有过这回事似的，私下里，我尽量不去回忆那些晦气的事情。

——[美国]哈默

我必须创造自己，我让自己的忧愁变得甜蜜，我把自己的痛苦化为幸福，我带着这忧愁和痛苦表现自己。

——[印度]泰戈尔

只有在忧愁的烈焰中，一个人才能认识自己的更内在的自我，这个自我是永恒的。

——[印度]泰戈尔

淡漠无情的人沦到自杀的地步，往往不是由于震惊，而是由于忧郁，不是由于灾祸，而是由于苦闷。

——[俄国]车尔尼雪夫斯基

不管你前途怎样黑暗，心头怎样沉重，你总要看等到忧郁、沮丧的心情消灭了以后，才决定你的方针和步骤。

——[美国]马尔腾

乐观是养生的唯一秘诀，常常"忧思和愤怒，足以使健康的身体变成衰弱而有余。

——[俄国]屠格涅夫

人类忍受忧愁的能力，总要比抵抗极端幸福的能力强得多。

——[法国]巴尔扎克

忧愁好像一块石头，一个人会被它压倒，两个人就轻而易举地把它从路上搬开。

——[德国]豪夫

激愤难掩

JIFENNANYAN

我们的激情实际上像火中的凤凰一样，当旧的被焚化时，新的又立刻在它的灰烬中产生。

——［德国］歌德

人毕竟是人呵！当他激情澎湃，受到了人类的局限的压迫，他所可能有的一点点理智便很难起作用，或者说根本不起作用。

——［德国］歌德

激情本身要包含一些使我们快活的东西，不论使我们感动的事物究竟对我们发生迁善还是从恶的作用；我们努力争取，使自己能受感动，即使做出若干牺牲，亦在所不惜！我们最平常的娱乐就以这种追求激情的冲动作基础；这种激情究竟出自渴望，还是出厌恶，按其本性来说令人舒畅，还是使人痛苦，全都无关紧要。倒是经验告诉我们，使人难受的激情反而更吸引我们，这就是说，由激情而来的快乐和激情的内容正好处于相反的关系中。悲惨凄切、阴森可怕的事物本身就有不可抗拒的魅力来吸引我们，每逢悲惨、恐怖的事情发生，我们感到有同样强大的力量摒斥我们而又吸引我们，这都是我们天性中一种普遍的现象。

——［德国］席勒

如果一个人的激情无论在快乐还是苦恼中都保持不忘理智所教给的关于

什么应当惧怕，什么不应当惧怕的信条，那么我们就称这样的人为勇敢的人。

——［古希腊］柏拉图

理智可以制定法律来约束感情，可是热情激动起来，就会把冷酷的法令蔑弃不顾，年轻人是一头不受拘束的野兔，会跳过老年人所设立的理智藩篱。

——［英国］莎士比亚

过盛、过久而产生疯狂的激情要不是极度虚荣，便是心情极度沮丧，前者一般称为骄傲及自负。

——［英国］霍布斯

狂态不过是激情表露过剩，不受规范的激情大部分就是癫狂。

——［英国］霍布斯

人应当具有激情，但是他也应当具有驾驭激情的本领。

——［丹麦］玻尔

激情由最初的意识形成，它是心灵的青春。

——［俄国］莱蒙托夫

职位越高，考虑的问题就越多，关心的方面就越广，激情的活动就越复杂，其中有好的也有坏的。

——［德国］克劳塞维茨

激情，这是鼓满船帆的风，风有时会把船帆吹断，但没有风，帆船就不能航行。

——［法国］伏尔泰

当我们的心灵还受到一种激情的残余影响时,我们宁可再获得一种新的激情,而不愿痊愈。

——［法国］拉罗什福科

如果我们抵制住了激情的诱惑,那是因为它们的微弱而非我们的坚强。

——［法国］拉罗什福科

在所有的激情中,最不为我们所知的是懒惰,它是所有激情中最炽热和最有害的,虽然它的猛烈难于觉察,它造成的损害十分隐蔽。如果我们注意考虑它的能量,我们将看到它几乎在所有的交锋中都使自己成为我们的情感、我们的利益和我们的快乐的主人。

——［法国］拉罗什福科

那些拥有过伟大激情的人们,毕生都感受着他们痊愈的幸福和悲哀。

——［法国］拉罗什福科

智慧的最大成就,也许要归功于激情。

——［法国］沃韦纳戈

把激情分成可行的和禁止的两种,而沉溺于前者,规避后者,这是不对的。如果人能驾驭激情,那么激情是好的;如果人屈服于激情,那么它就是坏的。

——［法国］卢梭

在热情的激昂中,灵魂的火焰才有足够的力量把造天才的各种材料熔于一炉。

——［法国］司汤达

激情对于人生只不过是一个偶然发生的事件。这个偶然只发生于优秀的人们的心中。

——［法国］司汤达

对于激情与情欲有节制，能克制，并能平心静气的谋虑，这不仅是好的，并且似乎是一个人的固有价值的一部分。

——［法国］康德

愤怒将理智的灯吹熄，在考虑解决一个重大问题时，你必须脉搏缓慢，心平气和，头脑冷静。

——［英国］英格素

人身的各种精神机能，必须完全自在，不受纷扰，在活泼健壮下发挥它最大功能，一切思考始能集中、清楚、敏捷而合逻辑，假如你为愤怒所激，为烦恼所苦，还能做成什么事呢？

——［美国］林肯

任何人都会发怒，那很容易。但是对适当的人发怒、发到适当的程度，在适当的时候，为适当的理由并且以适当的方式发怒——那就不容易了。

——［美国］普拉斯

义愤会把一个人的能力全部发挥出来。

——［美国］爱默生

愤怒这个武器有奇妙的效用。所有的武器都由人类使用，唯独这个武器是它在使用我们。

——［法国］蒙田

恼怒乃片刻之疯狂，所以你应控制感情，否则感情便控制你。

——［法国］大仲马

愤怒使别人遭殃，但受害最大的却是自己。

——［俄国］托尔斯泰

有三种情况的人容易发怒：第一是过于敏感的人。他们的神经太脆弱，一点小事就足以刺激他们；其次是认为自己受到轻蔑的人。被人轻蔑会激起怒气，其效果胜于其他伤害；最后是那种认为自己名誉受到损害的人，也最易被激怒。

——［英国］培根

发怒时千万要注意两点：第一，不可恶语伤人，第二：不可因怒而轻泄隐秘。

——［英国］培根

可以激动，但不可犯罪；可以愤怒，但不可含愤终日。

——［英国］培根

当你被激怒时，应努力在愤怒的同时给对手以蔑视，但不可在愤怒中表现出畏惧。

——［英国］培根

争论时，当我们感觉愤怒，这时已不是为真理而争，而是为愤怒而争。

——［英国］卡莱尔

动不动就发怒的人还没有达到自我控制的境界。对于所有的罪恶以平静来抵抗是最大的胜利。

——［希腊］希尔泰

勇者愤怒，抽刃向更强者；怯者愤怒，却抽刃向更弱者。

——［中国］鲁迅

抑制自己免于愤怒最好的办法是，当别人愤怒时，你就冷静观察那是怎样的一副德性。

——［古罗马］塞涅卡

人需要温和，不要过度地生气，因为从愤怒中常会产生出对于易怒的人的重大灾祸来。

——［古希腊］伊索

为人处世

Wei Ren Chu Shi

机智和妙语可在交际场上增添光彩，而俗气的玩笑和浪声大笑却会使人变成一个丑角。

——［英国］切斯菲尔德

处世待人
CHUSHIDAIREN

人是社交动物。我们是动物群中的成员。如果我们不遵循这动物群中的原则，就会遭到报应。

——［英国］毛姆

处在社交圈中是一个烦恼，而超脱出来又简直是一场悲剧。

——［英国］王尔德

人类在相互的交往中寻求安慰、价值和保护。

——［英国］培根

人们称之为"友爱"的，实际只是一种社交关系，一种对各自利益的尊重和相互间的帮忙，归根结底，它只不过是一种交易，自爱总是在那里打算着赚取某些东西。

——［法国］拉罗什福科

知识使人变得文雅，而交际能使人变得完善。

——［英国］富勒

交际场上的高手一般不直截了当说出要说的字眼，而是含蓄地表达其意思。

——[美国]爱默生

我们所知道的最好、最可靠、最有效而又最无副作用的兴奋剂是社交。

——[美国]爱默生

不要让自己和社交中的朋友们的固执己见产生和继续下去，因为这种交谈与其说是一种事务，不如说只应当是一种游戏，应当通过一种适当插入的戏谑而将那种严肃认真避开。

——[法国]康德

所有的交际场上，如果不是公开的冤家对头需要唇枪舌剑的，就总是这类甜蜜无比的谀辞。

——[泰国]吉莎娜·阿索信

平等相待是社交的起码条件。谁自视太高，盛气凌人，谁就无异于自认是社交场上的下流之辈。

——[英国]斯梯尔

人们通常说的点头之交和莫逆之交的区别仅在于：前者是在小屋子里叫的称呼，后者是在大沙龙里叫的称呼；其实它们是一回事。

——[英国]蒲柏

我们应该用我们希望朋友对待我们的方式去对待朋友。

——[古希腊]亚里士多德

对于一个有优越才能的人来说，懂得平等待人，是最伟大、最正直的品质。

——[英国]斯梯尔

尊重人的尊严，这是一件多么干净、多么美好的事啊

——［法国］萨特

一个人比另一个人高贵之处就在于他能承认对方的价值。

——史比德勒

宁可让人待己不公，也不可自己非礼待人。

——［美国］爱默生

所有的人毫无例外都是为了美好的将来活着，所以一定要尊重每个人。

——［苏联］高尔基

应该尊重彼此间的相互帮助，这在社会生活中是必不可少的。

——［苏联］高尔基

与人之间的关系是微妙的，不容易相处好的。有时小小的关心照顾成了人与人之间的润滑剂，相反，有时由于一时出口不慎，也会伤了对方的感情。

——［日本］德田虎雄

不了解一个人是不可能谈得上尊敬一个人的。

——［德国］弗洛姆

不知道他自己的尊严的人，他就完全不能尊重别人的尊严。

——［德国］席勒

假如人只能自己单独生活，只会考虑自己，他的痛苦将是难以忍受的。

——［法国］帕斯卡尔

施予人，但不要使对方有受施的感觉；帮助人，但给予对方最高的尊重。这是助人的艺术，也是仁爱的情操。

——［中国］刘墉

一个诚实的人，不论他有多少缺点，同他接触时，心神会感到清爽。这样的人，一定能找到幸福，在事业上有所成就，这是因为他以诚待人，别人也会以诚相见。

——［日本］池田大作

人的弱点往往是对指出自己缺点的人敬而远之。

——［日本］池田大作

不论你是一个男子还是一个女子，待人温和宽大才配得上人的名称。

——［伊朗］萨迪

谁若想在困厄时得到援助，就应在平时待人宽厚。

——［伊朗］萨迪

待人接物时，只有不伤害别人才不至于被人伤害。

——［古罗马］塞涅卡

尊重别人长处，在任何情况下都平等待人的人，才是道德高尚的人。

——［苏联］苏霍姆林斯基

世界上最好、最合理的事就是很好地公开地对待人。

——［法国］蒙田

用温柔去对待倔强的人，用宽容去冰冻苛刻的人，用热情去融化冷酷的人。

——［德国］赫塞

若无宽恕，生命将被永无休止的仇恨和报复所控制。

——［俄国］莱蒙托夫

一个伟大人物的心有两颗：一颗心流血，一颗心宽容。

——［黎巴嫩］纪伯伦

心胸狭窄的人不会快乐。心胸狭窄的最简单的定义是太过分地专注于个人的利益，而容不下别人的利益。

——［法国］罗曼·罗兰

人要尊重自己，就必须抱有一种信念：公平对待他的同胞。除非我比过去更能体谅愚昧的人，更能谨慎对待苦难的人，否则，我将责骂我自己是个大大不公的人。

——［英国］夏洛蒂·勃朗特

一个人如果拼命坚持自己的观点，不是有病，就是坠入了情网，或是没有吃饭。

——英国蒲柏

谋求自己的利益是美德或者是正当的处世之道唯一重要的基础。

——［荷兰］斯宾诺莎

不要背后议论，免得被人当做谣言的制造者，因为不说话是不会伤人的，而说长道短则会招惹是非。

——［古罗马］第·加图

只有能够回报的恩惠才可以接受，否则，非但不能使人感恩戴德，反而会引起人们的反感。

——［古罗马］塔西佗

做人应正直，而且有帮助亲友的义务。有时候应该连自身都不顾惜。

——［俄国］屠格涅夫

我们常常原谅那些使我们厌烦的人，却不能原谅那些厌烦我们的人。

——［法国］拉罗什福科

我们是幸福或是不幸，全取决于我们与之相比的是些什么人；所以，最大最大的危险，就莫过于孤身独处了。

——［德国］歌德

没有人在生活中能不与别人碰撞。他不得不以各种方式奋力挤过人群，冒犯别人的同时也忍受别人的冒犯。

——［英国］卡莱尔

对自我的留意，在要和人打交道的时候虽然是必要的，但在交往中却必须不要显露出来，因为那样就会产生难堪，或者是装腔作势。

——［法国］康德

人生处世，功利原不可不计较，太不计较是不能生存的。但一味计较功利，直到者死，人的生活实在太冷酷而无聊，人的生命实在太廉价而糟蹋了。

——［中国］丰子恺

应当全面地来看一个人！这样你才会尊重别人，这样你才会找到正确的处世之道。

——［苏联］阿纳托里·费迪

最聪明的处世术是蔑视社会的旧习，而且过着与社会习俗不矛盾的生活。

——［日本］芥川龙之介

识人交友

SHIRENJIAOYOU

判断人,决不是光凭眼睛,不用耳朵;可还得经过深思熟虑,并不轻信所见所闻。

——[英国]莎士比亚

一个人的实质,不在于他向你显露的那一面,而在于他所不能向你显露的那一面。因此,如果你想了解他,不要去听他说出的话,而要去听他的没有说出的话。

——[黎巴嫩]纪伯伦

一个正直的人要经过长久的时间才看得出来、一个坏人只要一天就认得出来。

——[古希腊]索福克勒斯

人,随便怎样分类都可以,不过我觉得最好的区分是:一种人毕生致力于有所作为,另一种人则毕生致力于拥有。

——[德国]黑格尔

行为是一面镜子,在它面前。每一个人都显露出各自的真实面貌。

——[德国]歌德

衡量一个人真正的为人，要看他在知道永远也不会被人发现的情况下会做些什么。

——［英国］麦考莱

了解人类的全体比较容易，但了解人类中的个人却很困难。

——［法国］罗休夫柯

对一个人最根本的判断不是在他舒舒服服和顺利时站在哪里，而是在挑战和论战时站在哪里。

——［美国］马丁·路德·金

什么话都说的人是什么事都不能的人。

——［法国］拿破仑

毫无弱点的人是可怕的，因为没有让人抓住弱点的空隙存在。

——［法国］法朗士

人像一块矿石，它在你手里暗淡无光，你只有从一定的角度才能看见它那深沉的光芒。

——［美国］爱默生

判断一个人当然不是看他的声明，而是看他的行为；不是看他自称如何如何，而是看他做些什么和实际是怎样一个人。

——［英国］恩格斯

从一个人的办事能力，一天便可看出学问高低。但是他心中的善恶，决不可妄加揣测，因为这要经过长久的岁月，才能看出他内心的优劣。

——［伊朗］萨迪

判断一个人，与其根据他的言词，不如根据他的行为，因为言词漂亮但行为令人不敢恭维的人，到处可见。

——［古罗马］克劳狄乌斯

所谓"闲人"，是不自觉地专去听别人说的话，专去看别人做的事；工作忙碌的人，是不会这样的。

——［俄国］契诃夫

评判人们的时候，不要根据他们的短处，而要根据他们的长处。

——［苏联］高尔基

有些人所做的每一件事都有两面，一面是人人都看得见——这是虚伪的一面，另外隐藏着的一面——那才是真实的。

——［苏联］高尔基

两个人相遇就像两种化学物质接触一样，假如有反应，双方都会起变化。

——［瑞士］卡尔·荣格

选择朋友应当像选择阅读的书籍一样，一要谨慎，二要控制数量。

——［美国］詹·豪厄尔

坏人因畏惧而服从，好人因爱而服从。

——［古希腊］亚里士多德

我们想的是如何养生，如何加固屋顶，如何备齐衣衫；而聪明的人考虑的是怎样选择最宝贵的东西——朋友。

——［古希腊］亚里士多德

对年轻人来说，朋友是提醒他们不犯错误的谋士；对老年人来说，朋友是补充他们衰竭的体力、照顾他们生活困难的助手；对成年人来说，朋友是辅佐他们完成宏伟事业的臂膀。

——［古希腊］亚里士多德

因为有利可图才与你结为朋友的人，也会因为有利可图而与你绝交。

——［古罗马］塞内加

朋友之间不应该存在隔阂。然而一旦产生隔阂，我们就应当力争给人留下这样的印象：你们之间的友谊之火似乎是燃尽的，而不是被人踏灭的。

——［意大利］西塞罗

夏日里燕子随处可见，可一到寒冬，它们便远远离去。……虚伪的朋友也是这样，他们在生活的晴天中出现，但一看到灾难的冬天即将来临，就全都跑得无影无踪。

——［意大利］西塞罗

事实上世界里还是有朋友的，不过虽然无需打着灯笼去找，却是像沙里淘金而且还需要长时间的洗练。

——［中国］梁实秋

给予你以金钱的不是你的好朋友。能够督促你、鼓励你去自依自助的，才是你的真朋友。

——［德国］克劳塞维茨

最善于应付对外面敌人的恐惧的是尽量交友；对于不能交为朋友的人，至少要避免和他们结怨；要是连这个也办不到，就要尽可能地避免和他们往来，为自己的利益疏远他们。

——［古希腊］伊壁鸠鲁

在确保终身幸福的所有努力中，最重要的是结识朋友。

——［古希腊］伊壁鸠鲁

谁喜欢什么样的朋友，谁就是什么样的人。

——［古希腊］伊索

如果我们想要克服寂寞，就必须脱离自怜的阴影，走入见新人、结交朋友的亮光中。

——［美国］卡耐基

恪守诚信
GESHOUCHENGXIN

真诚是使一个人伟大的最基本的力量，它使一个人的缺点或错失也变得能被原谅。

——［法国］罗曼·罗兰

我认为一个人只要真诚，总能打动人的；即使人家一时不了解，日后仍会了解的。……绕圈子，躲躲闪闪，反易叫人疑心，你耍手段，倒不如光明正大，实话实说，只要态度诚恳、谦卑、恭敬，无论如何人家不会对你怎么的。我的经验，和一个爱弄手段的人打交道，永远以自己的本来面目对付，他也不会用手段对付你，倒反看重你的。

——［中国］傅雷

真诚是第一把艺术的钥匙。……有了真诚，才会有虚心，有了虚心，才肯丢开自己去了解别人，也才能放下虚伪的自尊心去了解自己。

——［中国］傅雷

虚伪的人为智者所轻蔑，愚者所叹服，阿谀者所崇拜，而为自己的虚荣所奴役。

——［英国］培根

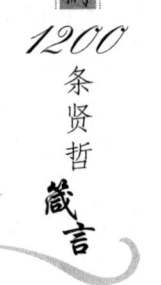

你必须保持诚实人的立场,这时常是冒险的,这需要有勇气。

——[苏联]奥斯特洛夫斯基

你能在所有的时候欺骗某些人,也能在某些时候欺骗所有的人,但你不能在所有的时候欺骗所有的人。

——[美国]林肯

比受人欺骗更可悲的是自己被自己欺骗。

——[德国]吕克特

为虚伪的惩罚决不在于别人不相信他,而在于他从此不能再相信别人。

——[法国]孟德斯鸠

许多虚伪的人用粗暴来掩饰他们的平庸;你碰撞他们一下,他们就像用别针刺着的气球一样,瘪了。

——[法国]巴尔扎克

伪君子一个口袋里装钱,一个口袋里装祈祷书,他为神服务,又为鬼工作,而对两方面他都欺骗。

——[苏联]马卡连柯

以诚人者,人亦以诚而应;以术驭人者,人亦以术而待。

——[宋代]程颐

诚而始终不忒,誉人者失其实,近于乡原之人哉?

——[唐朝]皮日休

自以为聪明的人往往是没有好下场的。世界上最智慧的人是最老实的人,因为只有老实人才能经得起事实的和历史的考验。

——［中国］周恩来

天下未有不恒而能成，不信而能得人信者。

——［中国］恽代英

真话说一半常是弥天大谎。

——［美国］富兰克林

失足，你可能马上复站立，失信，你也许永难挽回。

——［美国］富兰克林

世界上没有一个狡猾的人，能够狡猾得使人家不知道他是狡猾的。

——［英国］洛克

当一个人是一个真正的人的时候，他应当在大言不惭和矫揉造作之间保持等距离。既不夸夸其谈，也不扭捏取宠。

——［法国］雨果

永远准备说出心里的话，奸邪之徒自然远避。

——［英国］布莱克

忘恩和背信不过同一行列的首尾两端。

——［美国］马克·吐温

如果说一张善良的脸是一封推荐信，那么一颗诚实的心便是一张信用状。

——［英国］布尔沃·利顿

不信任自己的朋友比受朋友欺骗更可耻。

——［法国］拉罗什富科

要我们买他的诚实,这种人出售的是他的名誉。

——［德国］沃夫格

失道而后失德,失德而后失仁,失仁而后失义,失义而后失礼。

——［先秦］韩非子

小信诚则大信立。

——［先秦］韩非子

人有修者,甩令有恒;有恒者,人舍之,天助之。

——［战国］庄周

以信待人,不信思信;不信待人,信思不信。

——［晋代］傅玄

天行不信,则不能成岁;地行不信,则草木不大。

——［唐朝］武则天

忠者不饰行以徼荣,信者不食言以从利。

——［宋代］王安石

践行其言而人不信者有矣,未有不践言而人信之者。

——［宋代］杨时

信人者,人未必诚,己则独诚矣;疑人者,人未必皆许,己则先诈。

——［明朝］洪应明

信赖是不能和利益一样放到天平上去称的。

——［中国］梁晓声

一个人严守诺言比他的财产更重要；因为严守诺言能得到财产，而无论多少财产都抹杀不了由于失约而造成的良心的污点。

——［法国］巴尔扎克

信任别人的善良实在是自己的善良的明证。

——［法国］蒙田

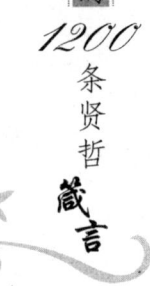

讲求言语

JIANGQIUYANYU

幽默的内在根源不是欢乐,而是悲哀;天堂里是没有幽默的。

——[美国]马克·吐温

先嘲笑自己的人,不会被别人嘲笑!

——[英国]富勒

真正的幽默板着面孔,而周围的人们却围着它笑;虚假的幽默本身笑个不停;而周围的人们却板着面孔。

——[美国]艾迪生

仅仅拥有机智是不够的,你还必须拥有足够的机智来使自己避免拥有太多的机智。直接联结在对方的本性上,它可以像润滑油一样滋润人生。

——[日本]池田大作

拒绝赞扬出自一种想被人赞扬两次的欲望。

——[法国]拉罗什富科

公正的赞扬只是一张债券,而肉麻的奉承却是一份礼品。

——[英国]约翰逊

我们总是爱那些赞扬我们的人,而不爱为我们所赞扬的人。

——［爱尔兰］萧伯纳

奉承者总是靠听他话的人来养活自己的。

——［法国］拉封丹

奉承者总是靠听他话的人来养活自己的。

——［法国］拉封丹

歌颂——就是彬彬有礼地承认别人跟自己类似的行为。

——［美国］比尔斯

君子赠人以言,庶人赠人以财。

——［战国］荀况

非我而当者,吾师也;是我而当者,吾友也;谄谀我者,吾贼也。

——［战国］荀况

一个人如果没有爱人之心,他就必须学会如何奉承别人,否则他就成不了事。

——［德国］歌德

赞美别人就是把自己放在同他一样的水平上。

——［德国］歌德

猎人利用狗来捕获兔子,而阿谀者则利用赞扬来捕获愚蠢者。

——［古希腊］苏格拉底

我的体验,不要轻易攻讦人,也不要轻易恭维人。人很容易上恭维的当。但是我总觉得恭维人比较对,只要不过分恭维。

——［中国］南怀瑾

在我们中间，最通用的货币就是阿谀奉承。

——［英国］富勒

谄媚是簸扬罪恶的风箱，佞人的口舌可以把星星之火煽成熊熊的烈焰。

——［英国］莎士比亚

可与言而不与言，失人；不可与言而与之言，失言。

——《论语》

侍于君子有三愆：言未及之而言谓之躁，言及之而不言谓之隐，未见颜色而言谓之瞽。

——《论语》

与智者言依于博，与博者言依于辨，与辨者言依于要。

——《鬼谷子·转丸》

辩者，求服人心也，非屈人口也。

——［汉代］王充

可以言而不言，犹叩之而不鸣也，亦为废钟鼓矣。

——［宋代］司马光

喜时之言多失认，怒时之言多失礼。

——［明代］陈继儒

逢人且说三分话，未可全抛一片心。

——［明代］冯梦龙

"理直气壮"不如"理直气和",后者更见涵养,更有风度。

——［中国］刘墉

莫让你的舌头抢先于你的思考。

——［古希腊］德谟克利特

傻瓜的心在嘴里,聪明人的嘴在心里。

——［美国］富兰克林

一个人的实质,不在于他向你显露的那一面,而在于他所不能向你显露的那一面。因此,如果你想了解他,不要去听他说出的话,而要去听他没有说出的话。

——［黎巴嫩］纪伯伦

为一件过失辩解,往往使这过失显得格外重大,正像用布块缝补一个小小的窟窿眼儿,反而欲盖弥彰一样。

——［英国］莎士比亚

你的舌头就像一匹快马,它奔得太快,会把力气都奔完了。

——［英国］莎士比亚

坦白直率的言语,最容易打动悲哀的耳朵。

——［英国］莎士比亚

赞美倘然从被赞美者自己的嘴里发出,是会减去赞美的价值的;从敌人嘴里发出的赞美,才是真正的光荣。

——［英国］莎士比亚

甚至在最好的、最友爱的、最单纯的关系中,阿谀或称赞也是不可少的,正如同要使轮子转得滑溜,膏油是不可少的。

——［俄国］托尔斯泰

有了想要出人头地同时又想成为富翁的愿望，就必须下决心讲假话，低头哈腰、阿谀奉承，并做到伪善。

——［法国］巴尔扎克

客套话有如隔着面纱接吻。

——［法国］雨果

假如你要别人同意你的原则，就先使他相信：你是他的忠实朋友。用一滴蜜去赢得他的心，你就能使他走在理智的大道上。

——［美国］林肯

因为有言语，你胜于野兽，若是语无伦次，野兽就胜于你。

——［伊朗］萨迪

为自己的好处而说谎是欺诈，为别人的好处而说谎是蒙骗，怀有害人之意而说谎是中伤——这是最坏的谎言。

——［法国］卢梭

漂亮的词句可以导致品行端正，但是品行不端正的人只能用漂亮的词句来说谎。

——［法国］罗曼·罗兰

真话走的是一条笔直的大道，而且是在众目睽睽之下，所以对它能够一击即中；而谎言走的却是一条蜿蜒的曲径，而且是偷偷地爬行，所以对它自然就难以瞄准。

——［苏联］阿·巴巴耶娃

应在背地里告诫你的朋友，而在公开场合赞扬他。

——［意大利］贺拉斯

良言总是逆耳的,最需要劝告的人总是最听不进劝告。

——［英国］切斯特菲尔德

如果一个人总是热衷于劝告别人,这正说明,他自己也需要别人来劝告劝告。

——［英国］哈利法克斯

最能保人心神之健康的预防药就是朋友的忠言规谏。

——［英国］培根

息事宁人的谎言,胜过搬弄是非的真话。

——［伊朗］萨迪

君子赠人以言,庶人赠人以财。

——［战国］荀况

耳中常闻逆耳之言,心中常有拂心之事,才是进德修行之砥石。

——［明代］洪应明

人一旦染上多话症,就很难管好自己的舌头,即使不发表什么演说,他也会雇上一帮子人去听他的海阔天空。

——［英国］琼森

对诬蔑所能做的最好的辩解是沉默和忍耐以及反击不高尚言语的高尚行为。

——［英国］弥尔顿

小理可以用文字来说清楚;大理却只有沉默。

——[印度]泰戈尔

有些人因为沉默寡言而受到称赞，有些人因为口若悬河而遭到唾弃。有些人保持沉默是因为他们无话可说，有些人保持沉默是因为他们懂得说话要适时。

——《便西拉智训》

唯有在回敬诬蔑和诽谤的时候，沉默才显得如此有力。

——[美国]艾迪生

思无不言在社交中肯定会给你带来危害；但一张坦率的嘴比一千张请帖还要管用。

——[英国]洛·史密斯

时时用使人悦服方法赞美人，是博得人们好感的好方法。记住，人们所喜欢别人加以赞美的事，便是他们自己觉得没有把握的事。

——[美国]卡耐基

有时颂扬会被抛掷在无用之地；更有时候，颂扬反而会激起疑心，甚至惹人讨厌，这是因为懂得颂扬而没有掌握颂扬的处世艺术的缘故。

——[美国]卡耐基

如果只要恭维就能够达到目的，大家就会争相恭维起来，那我们就都是做人处世的专家了。

——[美国]卡耐基

有礼有节
YOULIYOUJIE

生活里最重要的是有礼貌,它比最高的智慧,比一切学识都重要。

——[俄国]赫尔岑

礼貌是后天造就的好脾性,它弥补了天性之不足,最后演变成一种近似真美德的习惯。

——[美国]杰斐逊

礼貌建筑在双重基础上:既要表现出对别人的尊重,也不要把自己的意见强加于人。

——[奥地利]古戈·冯·霍夫曼斯塔尔

良好的礼貌是某种不可分割的良好意识的一部分,但傻瓜称之为良好教育的恰恰是世上最不礼貌的东西。

——[英国]哈利法克斯

一个人的礼貌就是一面照出他的肖像的镜子。

——[德国]歌德

礼貌和教养对于装饰人类或其他一切优良品质和天资,都是必不可少的。

——［英国］切斯特菲尔德

如果我们举止有礼、言谈友善，我们就能粗暴地对待许多人而又安然无恙。

——［德国］叔本华

品德，应该高尚些；处世，应该坦率些；举止，应该礼貌些。

——［法国］孟德斯鸠

有一种内在的礼貌，它是同爱联系在一起，它会在行为的外表上产生出最令人愉快的礼貌。

——［德国］歌德

礼貌是博爱的花朵。不讲礼貌的人谈不上有博爱思想。

——［法国］儒贝尔

礼貌是儿童与青年应该特别小心地养成习惯的第一件大事。

——［英国］洛克

礼貌出自内心，其根源是内在的，然而，如果礼貌的形式被取消，它的精神与实质亦随之消失。

——［美国］约翰·霍尔

朋友之间用到不自然的礼貌时，就可以知道他们的感情已经开始低落了。

——［英国］莎士比亚

礼节比法律更重要，它那高雅的特性为自己筑起了一道无法攻克的防护墙。

——［美国］爱默生

礼仪是微妙的东西，它既是人类间交际所不可缺少的，却又是不可过于计较的，如果把礼仪看得比月亮还高，结果就会失去人与人真诚的信任。

——［英国］培根

礼貌举止正好比人的穿衣——既不可太宽也不可太紧。要讲究而有余地，宽裕而不失大体，如此才能做成事业。

——［英国］培根

在语言交际中要善于找到一种分寸，使之既直爽又不失礼。这是最难又是最好的。

——［英国］培根

只有确实内在品格很高的人，才适合不拘小节。犹如没有衬景的宝石，必须自身珍贵才会蒙受爱重一样。

——［英国］培根

在与私人的交往中，男人的礼貌表现在予人以帮助，而女人的礼貌则表现在对人体贴。

——［法国］卢梭

礼节是所有规范中最微小却最稳定的规范。

——［法国］拉罗什福科

善待金钱

SHANDAIJINQIAN

金钱万能同时又并非万能,它遗祸于人,破坏家庭,最终毁灭了拥有者自己。

——［俄国］普希金

金钱化成灰尘,分离成原子,在空气中飘忽、飞扬。人在呼吸中把它吸了进去,它就会变成良心上的一种负担,使良心沉重、闭塞;它同有钱人的灵魂结合,使有钱人傲慢;它同穷人的心灵结合,使穷人粗暴。

——［法国］雨果

财富本身就是危险。那会招引虚伪的朋友来到你的身旁,贫穷就可能使虚伪的朋友离开,使你安静下来。

——［法国］雨果

金钱可以成为人的奴隶,也可以成为人的主人。

——［意大利］贺拉斯

如果金钱不是你的仆人,它便将成为你的主人。一个贪婪的人,与其说他拥有财富,不如说财富拥有他。

——［英国］培根

一个真正的科学家，既不会接受它（金钱），更不会追求它……假使他勤于和王侯们来往，他会很容易地找到肯赐给他荣华富贵的人。但是，那就会妨碍他从事最喜欢搞的伟大实验。

——［英国］培根

过多的财富是无用的。因为一个人的需要是有限的，除了这种需要的钱财，便是多余之物。

——［英国］培根

财富应当用正当的手段去谋求，应当慎重地使用，应当慷慨地用以济世，而到临死应当无留恋地与之分手。

——［英国］培根

财富本是作消费用的，消费的目的在于荣誉和行善。

——［英国］培根

不要相信那些表面上蔑视财富的人，他们蔑视财富是因为他们对财富绝望。

——［英国］培根

多余的财富只能买到多余的东西。金钱并不一定买得到一件灵魂的必需品。

——［美国］梭罗

金钱，是人类抽象的幸福。所以，一心扑在钱眼的人，不可能会有具体的幸福。

——［德国］叔本华

懂得使用金钱，金钱是一个好奴仆，如果你不懂得使用，它就变成你的主人。

——[美国]马克·吐温

巨大的财富具有充分的诱惑力，足以稳稳当当地起致命的作用，把那些道德基础并不牢固的人引入歧途。

——[美国]马克·吐温

假使一个人不在金钱里埋葬自己，而能用理性支配金钱，这对于他是荣耀，对于别人也有益处！

——[苏联]高尔基

我们有钱的时候，用几个钱不算什么；直到没有钱，一个钱都有它的意味。

——[中国]鲁迅

金钱帮助了世界市场的形成，因为金银在自己的货币概念中已经预示着世界市场的存在。

——[德国]马克思

我们手里的金钱是保持自由的一种工具；我们所追求的金钱，则是使自己当奴隶的一种工具。正因为这样，我才牢牢掌握自己占有的金钱，不贪求没有到手的金钱。

——[法国]卢梭

如果我的财富要奴役我，我就毫不惋惜地抛弃它。只要我有做工的手，我就能够生活。

——[法国]卢梭

叫人堕落腐化的金钱，它会使一个人的灵魂毫无情感，同时还会把别人灵魂中的和善、温柔和爱情都赶跑！只有金钱才是最大的罪人，一切人类的残酷和肮脏的行为，都是金钱导演出来的。

——[法国]左拉

金钱的力量不仅能使高贵的人雍容华贵，也完全可以使卑贱的人腐败的人堕落。

——[爱尔兰]萧伯纳

假如你有机会拥有一大把足以应付任何需要的金钱，并且能够节省，不随意浪费，那么去找出一件该做而没有人做的事情，做好它。

——[爱尔兰]萧伯纳

如果我们能支配我们的财富，我们就会富裕而自由；如果我们的财富支配了我们，我们就会真正贫穷。

——[爱尔兰]伯克

到处都在竭力回避金钱问题，但正是金钱成了生活的主要兴趣，对它的态度比什么都更能反映一个人的性格。

——[俄国]托尔斯泰

人间再没有像金钱这样坏的东西到处流通，这东西可以使城邦毁灭，使人们被赶出家乡把善良的人教坏，使他们走上邪路，做些可耻的事，甚至叫人为非作歹，干出种种罪行。

——[古希腊]索福克勒斯

首先是最崇高的思想，其次才是金钱；光有金钱而没有最崇高的思想的社会是会崩溃的。

——[俄国]陀思妥耶夫斯基

有了钱，在这个世界上可以做很多事，就是无法用金钱来买青春。

——[英国]雷蒙德

金钱真正是人间一切下流行为的渊薮。有了钱，那些最黑暗的勾当的沉渣往往都会在国家生活的表面泛起，并支配整个国家的命运。

——［乌克兰］米·左琴科

贪婪的人！他在世界各地奔走。他在追逐金钱，死亡却跟在他背后。

——［伊朗］萨迪

金钱就像人的第六感觉——没有它，你就不能利用另外五种感觉。

——［英国］毛姆

一个人决意在任何情形之下，不取一分不义的金钱，不取一分说谎而欺骗得来的金钱，不取一分浸透过人们的眼泪的金钱，不取一分于人有损害的金钱，这是需要大勇气和大毅力的。

——［美国］马尔腾

金钱这东西，只要能够解决本人的生活就行了，若是多了它会成为遏制人才能的祸害。

——［瑞典］诺贝尔

金子！黄黄的、发光的宝贵的金子！它可以使黑的变成白的，丑的变成美的，卑贱变成尊贵，老人变成少年，懦夫变成勇士。这黄色的奴隶可以使异族同盟、同宗分裂；它可以使受诅咒的人得福，使害着癫痫的人为众人所敬爱；它可以使窃贼得到高爵显位；它可以使鸡皮黄脸的寡妇重做新娘，即使她尊容可以使身染恶疮的人见了呕吐，有了这东西也会恢复三春的娇艳；它会使冰炭化为胶漆，仇敌互相亲吻；它会说任何的方言，使每一个人唯命是从。它是一尊了不得的神明，即使它住在比猪巢还卑劣的庙宇里，也会受人膜拜顶礼。

——［英国］莎士比亚

黄金对于人的灵魂较诸任何毒药更有毒，而且它在这个邪恶的世界上杀人太多。

——［英国］莎士比亚

构成罪恶根源的东西并非金钱，而是对金钱的爱。

——［英国］斯麦尔兹

如果金钱成为你的崇拜物，那么它就会像魔鬼一样折磨你。

——［英国］菲尔丁

啊，钱，钱！为了钱，这人世间不知发生了几多悲剧。

——［俄国］托尔斯泰

黄金的枷锁是最重的。

——［法国］巴尔扎克

金钱可能是许多事物的外壳，却不是核心。它可以为你买到食物，却买不到食欲；可以买到医药，却买不到健康；可以买到相识的人，却买不到朋友；可以买到仆人，却买不到忠诚；可以买到一时的欢乐，却买不到平和或快乐。

——［挪威］易卜生

对于年岁较大一些已了解无钱之苦的人来说，金钱上的损失比什么都更让人难以忍受。

——［英国］塞缪尔·巴特勒

认为金钱万能的人，十分可能被人疑为他本人做一切事都是为了金钱。

——［英国］萨维尔

对于浪费的人，金钱固然是圆的；可是，对于节俭的人，金钱是扁平的，是可以一块块地堆积起来的。

——［法国］巴尔扎克

明智的用钱可以是很大方面对人民有利的，至于不明智的用钱则是一种对公共的善毫无利益的阔绰。

——［古希腊］德谟克利特

赚钱并不是无用的事，但如果用不义的手段赚钱，则是最大的恶事。

——［古希腊］德谟克利特

正如试金石能试出金子那样，金子能够验出人心。

——［英国］富勒

一味地追求财富或荣誉，差不多老是要使人变得不幸，这是无需深长的经验便可发觉的。为什么？因为这一类的生活，使人依赖身外之物。过分重视财富的人最易受着伤害。

——［法国］莫罗阿

财富只有当它为人的幸福服务时，它才算作财富。

——［苏联］苏霍姆林斯基

财产把人变成了奴隶。人的全部精力和体力都是在聚敛财富中消耗的，甚至在弥留之际还担心死后财产的处置。我们人类是为财而生，为财而死的。

——［印度］普列姆昌德

道德修养

Dan De Xiu Yang

> 把"德性"教给你们的孩子：使人幸福的是德性而非金钱。这是我的经验之谈。在患难中支持我的是道德，使我不曾自杀的，除了艺术以外也是道德。
>
> ——［德国］贝多芬

崇尚美德
CHONGSHANGMEIDE

没有任何东西能比人类的爱更富有智慧、更复杂。它是花丛中最娇嫩的而又最质朴、最美丽和最平凡的花朵，这个花丛的名字叫道德。

——［苏联］苏霍姆林斯基

道德能帮助人类社会升到更高的水平，使人类社会摆脱劳动剥削。

——［俄国］列宁

真理和美德是艺术的两个密友。你要当作家，当批评家吗？请首先做一个有道德的人。

——［法国］狄德罗

美德与过恶，道德上的善与恶，都是对社会有利或有害的行为；在任何地点，任何时代，为公益作出最大牺牲的人，都是人们会称为最道德的人。

——［法国］伏尔泰

人们的美德常常表现出来，但恶习却总是乔装打扮。

——［法国］拉罗什福科

我深信只有有道德的公民才能向自己的祖国致以可被接受的敬礼。

——［法国］卢梭

- 无论是慷慨、善良还是正义,都应随时准备用美德去换取。

——[美国]史密斯

善良的最光荣的标志是坦白地承认自己的错误以及别人的错误,用道德的力量去中止趋于邪恶的倾向。

——[法国]蒙田

给道德以应有的地位,给每一件好事以恰当的鼓励。

——[英国]狄更斯

道德常常能填补智慧的缺陷,而智慧却永远填补不了道德的缺陷。

——[意大利]但丁

人不应当像走兽一般的活着,应当追求知识和美德。

——[意大利]但丁

白银不如黄金贵,黄金不如美德好。

——[意大利]贺拉斯

人的美德犹如名贵的檀香,通过烈火焚烧会散发出最浓郁的芳香。正如恶劣的品质将在幸福中呈露一样,最美好的品质也正是在逆境中被显示。

——[英国]培根

美德好比宝石,它在朴素背景的衬托下反而更华丽。

——[英国]培根

当一个人自身缺乏美德的时候,他就一定要贬低别人的这种美德,以实现两者的平衡。

——[英国]培根

成功与美德是衡量人生事业的两种尺度，同时具备这两者的人，是幸福的。

——［英国］培根

生命短促，只有美德能将它留传到遥远的后世。

——［英国］莎士比亚

只有美德才能赢得不朽的名誉。

——［意大利］彼特拉克

美德的道路窄而险，罪恶道路宽而平，可是两条路止境不同：走后一条路是送死，走前一条路是得生，而且得到的是永生。

——［西班牙］塞万提斯

美德像火一样包藏不住，一定冒出头来。

——［西班牙］塞万提斯

适用于道德经验的东西，必然在更高的程度上适用于美的现象。

——［德国］席勒

正因为罪恶的对照，美德才愈加明显。

——［德国］席勒

美德并非如学者所说，坐落在陡峭的山崖，挺拔险峻，高不可攀。

——［法国］蒙田

所有的人都是平等的，造成差别的不是门第，而只是美德。

——［法国］伏尔泰

美德藐视人间的一切讥嘲，清白愈受到诽谤身价愈高。

——［英国］笛福

个人美德包含在对自己或对他人皆有用或皆愉悦的心灵性质里。

——［英国］休谟

美德可以是灵魂的礼貌。

——［法国］巴尔扎克

甘居下位不算美德；能往下降才是美德。

——［德国］歌德

任何德行和仁爱的繁殖，对于大自然的高贵品质是有好处的。

——［英国］狄更斯

名誉和美德是心灵的装饰，要没有它，那肉体虽然真美，也不应该认为美。

——［西班牙］塞万提斯

人类最重要的努力莫过于我们的行动中力求维护道德准则，我们的内心平衡甚至我们的生存本身全都有赖于此，只有按道德行事，才能赋予生活的美和尊严。

——［美国］爱因斯坦

从一个单纯的人的观点来看，道德行为并不意味着仅仅严格要求放弃某些生活享受的欲望，而是对全人类更加幸福的命运的善意的关怀。

——［美国］爱因斯坦

道德不是什么神圣的东西；它纯粹是人的事情。

——［美国］爱因斯坦

心地纯洁的人们所作的努力，不会被认为是无效或无结果的，道德上任何能量的花费，也不会在巨大的空间消失而不留下影响。

——［奥地利］茨威格

道德方面的伟大，就在于对朋友始终不渝的爱，对于敌人不可磨灭的恨。

——［德国］莱辛

如果人的道德败坏了，他的趣味也必然会堕落。

——［法国］狄德罗

最有道德的人，是那些有道德却不需由外表表现出来而仍感满足的人。

——［古希腊］柏拉图

品格修养
PINGEXIUYANG

修养的本质如同人的性格,最终还是归结到道德情操这个问题上。

——[美国]爱默生

没有伟大的品格,就没有伟大的人,甚至也没有伟大的艺术家,伟大的行动者。

——[法国]罗曼·罗兰

一个人的美不在外表,而在才华、气质和品格。

——[苏联]马雅可夫斯基

我们之所以高贵并不是因为我们出身豪门,而是因为我们有高尚的品行。

——[英国]博蒙特与弗莱彻

一般来说,每个人都具有某些他归功于或归咎于人类的优良或恶劣的品格。

——[英国]申斯通

若失财产,一无所失;若失健康,略有所失;若失品格,一切皆失!

——[德国]普朗克

实实存在的真理，顶天立地的品格，比什么爵位都高。

——［英国］罗·彭斯

品格比能力重要。如果品格不好，能力越强，破坏性越大。

——［中国］汪国真

好的品性不仅是社会的良心，而且是国家的原动力；因为世界主要是被德性统治的。

——［英国］斯迈尔斯

人的品格总会让别人知道。哪怕最诡秘的言行，最不可告人的目的，也能反映出一个人的品格。

——［美国］爱默生

品格是一种内在的力量，它的存在能直接发挥作用，而无需借助任何手段。

——［美国］爱默生

品格可以为青春增添光彩，为皱纹和白发增添威严。

——［美国］爱默生

心眼不多可是品格端正的人，能经常看穿最狡猾的骗子的诡计。

——［德国］歌德

爱的对象应该是品格端正的人以及小有缺陷而肯努力上进的人。

——［古希腊］柏拉图

身修而后家齐，家齐而后国治，国治而后天下平。自天子以至庶人，壹是皆以修身为本。

——《礼记·大学》

好学近乎知。力行近乎仁，知耻近乎勇，知斯之者，则知所以修身。

——《礼记·中庸》

为宇宙完人甚难，自初生以至属扩，彻头彻尾无些子破绽尤难，恐亘古以来不多几人。其余圣人都是半截人。前面破绽。后来修补，比至终年晚岁，才得干净，成就了一个好人。

——[明代]吕坤

尽管有的年轻人具有美貌，却由于缺乏优美的修养而不配得到赞美。

——[英国]培根

谁对待路人能像对待家宾那样彬彬有礼，谁就是世界公民。

——[英国]培根

啊，有修养的人多快乐！甚至别人独是牺牲痛苦的事，他也会感到满意、快乐；他的心随时都在欢跃，说不尽的欢乐！

——[俄国]车尔尼雪夫斯基

人的文化修养愈高，精神世界愈丰富，他的爱情审美程度也愈高。

——[保加利亚]瓦西列夫

良好教养的顶点与其说表现在不与人争，不如说表现在热心助人。

——[英国]斯梯尔

优良的品性是内心真正的财富，而衬托这品性的是良好的教养。

——[英国]洛克

有文化教养的人能在美好事物中发现美好的含义。这是因为这些美好的事物里蕴藏着希望。

——[英国]王尔德

不失良心
BUSHILIANGXIN

对于道德的实践来说,最后的服从就是人们自己的良心。

——[意大利]西塞罗

良心是神的审判在我们内心的代表:良心将我们的心态与行为放到神圣纯洁的法的天平上去衡量;我们欺骗不了良心,而且始终不能摆脱良心,因为正如神是无所不在的那样,良心随时跟着我们。

——[法国]康德

永不沉睡的良心,不断地鞭笞着人们。虽然无声无息,却致伤殊深。

——[法国]蒙田

善的光荣是在人们的良心中,而不在人们的话语里。

——[俄国]托尔斯泰

良知是内心的审判者,它感觉到每一个动机的产生,它的宝座是人类的感情,它统治着人类行为的王国。

——[英国]雪莱

普遍的道德是社会的基础,普遍的良心是法律的基础。

——[法国]雨果

人的良心犹如太阳，我们不应使它泯灭，否则，生活本身将失去光彩。

——［苏联］布琼尼

有一种比政府法律更高的法则，那就是良心的法则。

——［英国］斯托克利

就人性来说，唯一的向导，就是人的良心。就死后的名声而言，唯一的盾牌，就是廉洁的行为和真挚的感情。

——［英国］丘吉尔

人生好像无际的海洋。人有时候跟一条光杆船一样。良心是这条船的铁锚。

——［法国］雨果

人失去了良心和正直——那就等于地球失去了引力。

——［埃及］迈哈福兹

义务和良心——这些道德情操是人区别于动物的最重要之点。

——［苏联］苏霍姆林斯基

如果有公众的指责而无良心的谴责，不妨置之不顾；而如果受到良心的谴责，即使有公众的支持，一个诚实的心灵也不可能得到安宁。

——［美国］艾迪生

最可怕的原告与证人，是每个人自己心中的良心。

——［古罗马］波力比阿

崇善弃恶
CHONGSHANQIE

美德与罪恶，道德上的善与恶，都是对社会有利或有害的行为。

——［法国］伏尔泰

人是善与恶、快乐与痛苦的混合物。他赋有情感来行动，赋有理智来支配自己的动作。

——［法国］伏尔泰

善是一种无穷无尽的力量和一切有感觉的存在不可或缺的自爱之心的必然结果。

——［法国］卢梭

善良的行为有一种好处，就是使人的灵魂变得高尚了，并且使它可以做出更美好的行为。

——［法国］卢梭

对别人表示关心和善意，比任何礼物都能产生更多的效果，比任何礼物对别人都有更多的实际利益。

——［法国］卢梭

邪恶进攻正直的心灵，从来不是那么大张旗鼓的，它总是想法子来偷袭，总戴着某种诡辩的面具，还时常披着某道德的外衣。

——［法国］卢梭

英雄和伟人加起来也比不上一个真正善良的人。

——［法国］拉布吕耶尔

邪恶如同河之岸，岸会阻碍流水，又会变成流水所依靠，这世间的邪恶就是为了使人们像流水那样流向善。

——［印度］泰戈尔

如果竭尽自己最大努力仍然还是一无所得，所剩下的只是善良意志，它诚如沉睡的宝石一样，自身就发射着耀目的光芒，自身之内就具有价值。

——［法国］康德

只有懦夫才没有恻隐之心，一个心地善良的人，必能待人如己，永不改变。

——［英国］托·马洛礼

在一切道德品质之中，善良的本性在世界上是最需要的。

——［英国］罗素

善与恶的知识不是别的，而是我们所意识到的快乐与痛苦的情感。

——［荷兰］斯宾诺莎

所谓"善"是指对人有益，所谓"恶"是指对人有害，人的幸福是衡量伦理价值的唯一标准。

——［美国］弗洛姆

善良，是一种世界通用的语言，它可以使盲人感到，聋子闻到。

——［美国］马克·吐温

善良的人在世间为自己找到天堂；恶毒的人在世间领受自己的地狱。

——［德国］海涅

真有才能的人总是善良的，坦白的，爽直的，决不矜持。

——［法国］巴尔扎克

教育是民族最伟大的生活原则，是一切社会里把恶的数量减少，把善的数量增加的唯一手段。

——［法国］巴尔扎克

善良既是历史中稀有的珍珠，善良的人便几乎优于伟大的人。

——［法国］雨果

人逢厄难总有一个攸关的时刻，在我们向恶超过向善的时候，向恶的部分就会把向善的部分拉过去，我们就跌倒了。

——［法国］雨果

丑恶穿行于充满欲望的路径，引诱许多人跟着它走。美德追求一条险峻陡峭的途径，对人类较少诱惑力。

——［德国］贝多芬

没有一个善良的灵魂，就没有美德可言。

——［德国］贝多芬

没有善良——一个人给予另一个人的真正发自肺腑的温暖，就不可能有精神上的美。

——［苏联］苏霍姆林斯基

人们为善的道路只有一条,作恶的道路可以有许多条。

——［法国］伏尔泰

对罪恶的行为,要是姑息纵容,不加惩罚,那就是无声的默许。

——［英国］莎士比亚

少量的邪恶足以抵消全部高贵的品质,害得人声名狼藉。

——［英国］莎士比亚

善恶的区别,在于行为的本身,不在于地位的有无。

——［英国］莎士比亚

要是我们看到了丑恶,却不用愤怒的手指把它点出来,那我们离丑恶不远了。

——［俄国］克雷洛夫

善良的最光荣的标志,是坦白地承认自己错误以及别人的错误,用其道德的力量去中止趋于邪恶的倾向,不愿追随这一倾向,希望更好、期望更好。

——［法国］蒙田

对于心地善良的人来说,付出代价必须得到报酬这种想法本身就是一种侮辱。善良不是装饰品,而是美好心灵的表现形式。

——［法国］纪德

善不是一种学问,而是一种行为。

——［法国］罗曼·罗兰

凡是对一切都觉得满意的人,这个人就不会做出什么善事,因为对邪恶不感到痛恨,就不可能有善,要是这个人没有人去憎恶他,也就不会有人去感激他。

——［俄国］车尔尼雪夫斯基

生活中的善越多，生活本身的情趣也越多。二者水乳交融，相辅相成。

——［俄国］托尔斯泰

一个人如果除了自己以外，在任何其他人身上都看不到一点点善良品质的话。那么，对他来说，整个世界就只能是一片沙漠。

——［苏联］高尔基

没有永恒的恶，也没有不朽的善，骗人者终究会被戳穿。

——［苏联］高尔基

撒下种子就能得到收获，打了人就得痛苦。予人以善，别人也将还你以善。

——［美国］爱默生

大凡善良的人总喜欢把人往好处想，总是把人想得比实际上更好，总爱夸大他们的好处。对于这样的人来说，以后的幻灭是很难过的，在他们觉得自己负有责任时就更难过了。

——［俄国］陀思妥耶夫斯基

大量善行可能出于严厉，更多的是出于爱，但最多的还是出于清晰的了解和无偏见的公正。

——［德国］歌德

善人生活当中最好的部分，是他微小、默默无闻、不为人记忆的善行。

——［英国］华兹华斯

善良人一生的精华，便是他那些无可称道而又不记在心上的小小的仁爱的行为。

——［英国］华兹华斯

你在富有时若不行善，在困厄时只有受苦，刻薄的人将是最为不幸，在困难中没有朋友可寻。

——［伊朗］萨迪

只有善行才会为你带来声誉，种子只有撒在地里才会生长。

——［伊朗］萨迪

一个人的办事能力，一天便可看出学问高低，但是他心中的善恶，决不可妄加揣测，因为这要经过长久的岁月，才能看出他内心的卑劣。

——［伊朗］萨迪

做好事的人使自己得救，做坏事的人使自己毁灭。

——［伊朗］萨迪

自从上帝创造世界，善与恶便势力均衡地统治着世界。然而，善的明媚阳光必将冲破恶的黑暗而普照四方。

——［英国］拜伦

根据心灵的基本原则，人类是能够为了善本身而追求善的。

——［英国］雪莱

利人的品德我认为就是善。在性格中具有这种天然倾向的人，就是"仁者"。这是人类的一切精神和道德品格中最伟大的一种。因为他属于神的品格。

——［英国］培根

在人性中既有天然向善的倾向，也有天然向恶的倾向。那种虚荣、急躁、固执的性格还不是最坏的，最恶的乃是嫉妒以致祸害他人。

——［英国］培根

一个人要明白善之为善，善就会煽动爱，愈有德者愈甚。

——［意大利］但丁

善之生如春，恶之死如秋，故发劝极力而乐尽情，此之谓上下相得。

——［战国］韩非

勿与恶小而为之，勿与善小而不为。

——［三国］诸葛亮

小善不足以掩众恶，小疵不足以妨大美。

——［唐朝］魏征

宽不必善，猛不必恶，唯在性之所用。为人而豁人者，则猛而愈善，对害人者容纵之，宽而愈恶。

——［中国］郭沫若

最有助于人的生命的，莫过于从早年起，就养成善心善意，与爱人的习惯了。

——［美国］马尔腾

要是一个人为非作歹，那他就会倒霉。相反的，要是循规蹈矩，那他就事事顺遂。只有所谓恶行才受到惩罚，只有善事才得到报偿。

——［美国］德莱塞

和最凶恶的野兽做伴侣，比起无情的人类来，它们是要善良得多了。

——［英国］莎士比亚

您的信心越强，就越应当善意地帮助动摇彷徨的和德薄力弱的人。善良——这是天才者的伟大品质之一。

——［法国］安格尔

对于有善良意愿的人，当他以提高生活和文化为唯一目的，付出了重大牺牲，把一项社会事业筹备和创办起来，他再也没有比这个时候更高兴的了。

——［美国］爱因斯坦

各种恶行不是因为被禁止而有害，而是因为有害而被禁止。找到了罪恶的根源，也就等于把它清除了一半。

——［英国］科尔顿

善总是比较软弱的，因为它很单纯，只能为其自身而讨人喜欢；恶则以最诱人的许诺吸引着每个人。

——［德国］费希特

努力充分了解对方的思想、动机和忧虑，做到设身处地从对方角度去观察世界。一切善良的人，都应当尽可能献出力量来增进这种相互了解。

——［美国］爱因斯坦

你不会明白一件善行能有什么意义，但是就算它别无好处，它却向某人显示了你喜欢他，而它必然会使他对你有某种程度的喜欢。

——［美国］卡耐基

天生要做坏事的人，如果找不到漂亮的借口，就会明目张胆地去作恶。

——［古希腊］伊索

评判一个人好坏与否，主要看他有没有从善的意愿。

——［古罗马］塞涅卡

寻求善的人只有费尽千辛万苦才能找到，而恶则不用找就来了。

——［古希腊］德谟克利特

人心可分为二，一部较善，一部较恶。善多而能制止恶，斯即足以云自主，而为所誉美；设受不良之教育，或经恶人之熏染，致恶这一部较大，而善这一部日益侵削，斯为己之奴隶，而众皆唾弃其人矣。

——［古希腊］柏拉图

感人肺腑的人类善良的暖流，能医治心灵和肉体的创伤。

——［苏联］罗佐夫

恶习知道自己委实很丑陋，所以往往戴了假面具。

——［美国］富兰克林

邪念似疾病，总在闲暇中袭来；善意如医生，总在匆忙中光顾。

——［美国］切斯特顿

宽厚仁爱
KUANHOURENAI

不会宽容别人的人,是不配受到别人的宽容的,但是谁能说自己是不需要宽容的呢?

——[俄国]屠格涅夫

一个伟大的人有两颗心,一颗心流血,另一颗心宽容。

——[黎巴嫩]纪伯伦

宽恕他人的作恶,对于弱者来说,尽管要作很大努力,但至少可以从憎恨他人的苦恼中解脱出来。如果不能宽恕,那么至少忘忘记其恶吧!

——[法国]缪塞

一味的正直是不够的,还得考虑温厚和宽恕才是。

——[英国]乔叟

要学会宽容待人,宽容待己,因为自己也并不完美,也可能犯错误。要勇于对自己的生活负责。

——[美国]巴士卡里雅

若无宽恕,生命将被永无休止的仇恨和报复所控制。

——[俄国]莱蒙托夫

虽然整个社会都建立在互不相让的基础上，可是良好的关系却是建筑在宽容相谅的基础上的。

——［爱尔兰］萧伯纳

人只要上了一点年纪，判断事物的态度就会变得宽厚起来。我还没有见到哪一种过失是我自己决不会犯的。

——［德国］歌德

人人都讲要宽容，然而又总是干预别人按照他们自己的方式去思维和表达自己的看法，这又谈得上什么宽容呢？

——［德国］歌德

用温柔去对待倔强的人，用宽容去冰冻苛刻的人，用热情去融化冷酷的人。

——［德国］赫塞

世界上最能长存的东西能存在的日子也很有限，你又何必拿这些小事儿当真哩。

——［印度］泰戈尔

心胸狭窄的人不会快乐。心胸狭窄的最简单的定义是太过分地专注于个人的利益，而容不下别人的利益。

——［法国］罗曼·罗兰

人们对于不十分看重的人，要宽容得多。

——［法国］罗曼·罗兰

人靠谨慎，从损失中避免灾难，靠宽容从斗争和争吵中得到保护。

——［德国］叔本华

好男人是一个能够自我接纳又宽心大度的人,因此他们对自己以及对周围的人都能宽容以待。

——[加拿大]梅尔勒·塞恩

把"宽恕"说了两次,并不是把宽恕分而为二,而只会格外加强宽恕的力量。

——[英国]莎士比亚

宽恕人家所不能宽恕的,是一种多么高贵的行为。

——[英国]莎士比亚

世界上最宽阔的东西是海洋,比海洋更宽的是天空,比天空更宽阔的是人的胸怀。

——[法国]雨果

帮助朋友,以深持友谊。宽恕敌人,为争取感化。

——[美国]富兰克林

把别人对你的诋毁放在尘土中;而把别人对你的恩惠刻在大理石上。

——[美国]富兰克林

不宽恕别人的人,至死也得不到别人的宽恕。

——[美国]罗斯福

在宽恕面前强力会化为乌有,在宽恕面前软弱会化为乌有。没有宽恕不能做到的事情。

——《摩诃婆罗多》

仁者,爱之理;爱者,仁之事。仁者,爱之体;爱者,仁之用。

——[宋代]朱熹

百行万善总于五常，五常又总于仁。

——［宋代］朱熹

仁者爱人。

——［战国］孟子

无不爱也，无不敬也，无与人争也，恢然如天地之苞万物。

——《荀子·非十二子》

仁之法在爱人，不在爱我。义之法在正我，不在正人。

——［汉代］董仲舒

君子坦荡荡，小人长戚戚。

——［春秋］孔子

天称其高乾，以无不覆；地称其广者，以无不载；日月称其明者，以无不照；江河称其大者，以无不容。

——［三国］曹植

以责人之心责己，恕己之心恕人，不患不到圣贤地位。

——［宋代］朱熹

大度能容，容天下难容之事；慈颜常笑，笑世上可笑之人。

——［明朝］朱元璋

勤劳俭朴
QINLAOJIANPU

在我的心目中,除了天才以外,勤劳要不是人类精神方面一个顶可爱的优点,那就干脆让我变成一个两鬓苍苍的丑八怪吧。

——[英国]狄更斯

应该不失时机地依靠坚韧的勤劳,来改善自己在世间的处境。

——[英国]狄更斯

时间是个常数,但对勤奋者来说,是个变数。

——[苏联]雷巴柯夫

在天才和勤奋之间,我毫不迟疑地选择勤奋,她几乎是世界上一切成就的催产婆。

——[美国]爱因斯坦

所谓天才,那是假话,勤奋的工作才是实在的。

——[美国]爱迪生

只有对自己提出高标准的人,只有诚实和忘我劳动的人,只有表现出主动性和努力勤奋的人,只有这样的年轻人,才能赢得成就、赞赏、威信。

——[苏联]斯科罗杜莫夫

没有什么动物比蚂蚁更勤奋,然而它却最沉默寡言。

——[美国]富兰克林

劳动一天,可得一夜的安眠;勤劳一生,可得幸福的长眠。

——[意大利]达·芬奇

假如你有天赋,勤奋会使它变得更有价值;假如你没有天赋,勤奋可以弥补它的不足。

——[英国]雷诺兹

如果没有勤奋,没有机遇,没有热情的提携,人就是再有天才,也只能默默无闻。

——[古罗马]小普林尼

凡是普通人能够做的事情,我都可以做,我的最大的优点是勤劳。

——[英国]莎士比亚

涓滴之水终可磨损大石,不是由于它力量强大,而是由于昼夜不舍的滴坠。只有勤奋不懈的努力才能够获得那些技巧。

——[德国]贝多芬

不要懒懒散散地虚度生命,要勤奋工作,尽你的职责只问耕耘而换弃一切有关收获之想,不论那收获是好是坏。

——[德国]贝多芬

聪明在于积累,勤奋使愚笨者聪明,懒惰使天才者平庸。

——[英国]达尔文

我们所完成的任何科学工作,都是通过长期的考虑,忍耐和勤奋得来的。

——［英国］达尔文

劳动而得的工钱,是对勤勉的一种奖励,勤勉就像人类的其他资质,因奖励而有成正比的进步。

——［美国］亚当·斯密

对于勤奋与才能来说,几乎没有办不到的事情。

——［英国］约翰逊

整个社会的游手好闲将迅速造成整个社会的毁灭。

——［美国］林肯

勤勉而顽强地钻研,永远可以使你百尺竿头更进一步。

——［德国］舒曼

节俭是一门艺术,它能使人最大限度地享用生活。热爱节俭是一切美德的根本。

——［爱尔兰］萧伯纳

富人如果把金钱放在你手中,你不要对这点恩惠太看重;因为圣人曾经这样教诲:勤劳远比黄金可贵。

——［伊朗］萨迪

谁在平日节衣缩食,在穷困时就容易渡过难关;谁在富足时豪华奢侈,在穷困时就会死于饥寒。

——［伊朗］萨迪

节约是避免不必要开支的科学,是合理安排我们财富的艺术。

——［古罗马］塞内加

知道什么时候该花钱,什么时候该节约,你就不必整天忙忙碌碌,也就永远不会变成穷光蛋。

——[英国]富勒

艰苦的生活比舒适的生活往往会更使人养成良好的品质。

——[苏联]费定

简单淳朴的生活,无论在身体上,还是精神上,对每个人都是有益的。

——[美国]爱因斯坦

谦骄劝言
QIANJIAOQUANYAN

真正的谦虚是最崇高的美德,是美德之母。

——[英国]丁尼生

谦逊,是那偏僻山崖中的泉眼,所有的崇高美德都是由此潺潺流出的。

——[英国]托马斯·莫尔

智慧是宝石,如果用谦虚镶边,就会更加灿烂夺目。

——[苏联]高尔基

谦虚的学生珍视真理,不关心对自己个人的颂扬;不谦虚的学生首先想到的是炫耀个人得到的赞誉,对真理漠不关心。思想史上载明,谦虚几乎总是和学生的才能成正比例,不谦虚则成反比。

——[俄国]普列汉诺夫

无论在什么时候,永远不要以为自己已经知道了一切。不管人们把你们评价得多么高,但你们永远要有勇气对自己说:我是个毫无所知的人。

——[苏联]巴甫洛夫

决不要陷于骄傲。因为一骄傲,你们就会在应该同意的场合固执起来;因为一骄傲,你们就会拒绝别人的忠告和友谊的帮助;因为一骄傲,你们就会丧失客观标准。

——［苏联］巴甫洛夫

一切真正的和伟大的东西，都是纯朴而谦虚的。

——［俄国］别林斯基

成功的第一个条件是真正的虚心，对自己的一切敝帚自珍的成见，只要看出同真理冲突，都愿意放弃。

——［英国］斯宾塞

伟人多谦虚，小人多骄傲。太阳穿一件朴素的光衣，白云却披了灿烂的裙裾。

——［印度］泰戈尔

当我们是大为谦卑的时候，便是我们最近于伟大的时候。

——［印度］泰戈尔

劳谦虚己，则附之者众；骄慢倨傲，则去之者多。

——［晋代］葛洪

虚己者进德之基。

——［明代］方孝孺

盛满易为灾，谦冲恒受福。

——［清朝］张廷玉

骄傲的人，结果总是在骄傲里毁灭了自己。他一味对镜自赏，自吹自擂，遇事只顾浮夸失实，到头来只是事事落空而已。

——［英国］莎士比亚

微小的知识使人骄傲，丰富的知识则使人谦逊，所以空心的禾穗高傲地举头向天，而充实的禾穗则低头向着大地，向着它们的母亲。

——［意大利］达·芬奇

真正有学问的人，就像麦穗一样：只要它们是空的，它们就茁壮挺立，昂首睨视；但当他们趋于成熟，饱含鼓胀的麦粒时，它们便谦虚地低垂着头，不露锋芒。

——［法国］蒙田

为人当以谦逊为荣，骄傲为耻。

——［法国］蒙田

骄傲会使人倒霉，骄傲后面往往紧跟着毁灭和羞辱。

——［法国］雨果

谦虚的人，快来，让我拥抱你们！你们使生活温和动人。你们自以为一无所有，可是我说你们拥有一切。你们想不使任何人感到惭愧，其实，大家面对着你们都感觉惭愧。在我的思想中，把你们和我到处看见的那些武断的人相比较时，我就把他们打下高坛，让他们伏在你们脚下。

——［法国］孟德斯鸠

谦卑能使人的心灵升华，而骄傲却使人的心灵低下。

——［意大利］奥古斯丁

美丽只有同谦虚结合在一起，才配称为美丽，没有谦虚的美丽，不是美丽，顶多只能是好看。

——［西班牙］塞万提斯

人应当谦虚，不要让自己的名字像水塘上的气泡那样一闪就过去了。

——[俄国]契诃夫

谦虚对于优点犹如图画中的阴影，会使之更加有力更加突出。

——[英国]牛顿

一个目光敏锐，见识深刻的人，倘又能承认自己有局限性，那他离完人就不远了。

——[德国]歌德

谦虚对才华无奇的人来说只是一种诚实，对才华绝顶的人来说，是一种虚伪。

——[德国]叔本华

真正谦逊，是人类一种最好的品性，因为他有自知之明，他知道在这广大的世间的复杂的社会里，他的能力和头脑，实在太简单太渺小了，不够去解决人世间的一切问题。

——[美国]卡耐基

谦虚使他不会把别人的功劳记在自己的名下，或将自己的错误和失算推给别人。

——[苏联]拉先科

我们的骄傲多半是基于我们的无知！

——[德国]莱辛

蠢材妄自尊大，他自鸣得意的，正好是受人讥笑奚落的短处，而且往往把应该引为奇耻大辱的事，大吹大擂。

——[俄国]克雷洛夫

骄傲自满使他们看不到最主要的东西，最终结局往往是令人悲伤的。

——［苏联］斯科罗杜莫夫

一个真认识自己的人，就没法不谦虚。谦虚使人的心缩小，像一个小石卵，虽然小，而极结实，结实才能诚实。

——［中国］老舍

骄傲自满是我们的一座可怕的陷阱，而且，这个陷阱是我们自己亲手挖掘的。

——［中国］老舍

世上再没有比骄傲自大更可怕的了，骄傲自大会毁灭英才和天才。

——［日本］木村久一

骄傲的人喜欢见依附他的人或谄媚他的人，而厌恶见高尚的人。……而结果这些人愚弄他，迎合他那软弱的心灵，把他由一个愚人弄成一个狂人。

——［荷兰］斯宾诺莎

骄傲的人必然嫉妒，他对于那最以德性受人称赞的人便最怀忌恨。

——［荷兰］斯宾诺莎

自尊自爱

ZIZUNZIAI

自尊心是一个人品德的基础。若失去了自尊心,一个人的品德就会瓦解。

——[美国]斯特那夫人

自尊自爱,作为一种力求完善的动力,却是一切伟大事业的渊源。

——[俄国]屠格涅夫

自信心与自尊心相辅而成,没有自尊心的人,他决不会有自信心。

——[英国]毛姆

人的尊严可用一句话来概括:即他的信念。……它比金钱、地位、权势,甚至比生命都更有价值。

——[埃及]海卡尔

自尊心是一个人灵魂中的伟大杠杆。

——[俄国]别林斯基

自爱是我们所有感情和所有行动的基础。

——[法国]伏尔泰

没有任何事物比人的存在更高,没有任何事情比人的存在更具尊严。

——[美国]弗洛姆

对人来说,最最重要的东西是尊严。

——[印度]普列姆昌德

人类有许多高尚的品格,但有一种高尚的品格是人生的顶峰,这就是个人的自尊心。

——[苏联]苏霍姆林斯基

每一个正直的人都应该维护自己的尊严。

——[法国]卢梭

生命的尊严正是超越等价物的一切事物的基点。

——[日本]池田大作

自尊心是一种美德,是促使一个人不断向上发展的一种原动力。

——[英国]毛姆

自尊心不是来自傲慢,不是来自目空一切,而是来自对你,对真理的坚定信念。

——[英国]狄更斯

慷慨是超过自己能力的施与,自尊是少于自己需要的接受。

——[黎巴嫩]纪伯伦

我相信你,我的灵魂,但我决不使别人向你屈尊,你也不应该对别人自低身份。

——[美国]惠特曼

每当人们不尊重我们时,我们总被深深激怒。然而在内心深处,没有一个人十分尊重自己。

——[美国]马克·吐温

自我热爱像是一种使人类永久存在的手段,它珍贵而又必不可少,我们因它而愉悦,同时却又不得不把它隐藏起来。

——[法国]伏尔泰

自尊需要的满足导致一种自信的感情,使人觉得自己在这个世界上有价值、有力量、有能力、有位置、有用处和必不可少。

——[美国]马斯洛

无论是别人在跟前或者自己单独的时候,都不要做一点卑劣的事情:最要紧的是自尊。

——[古希腊]毕达哥拉斯

自我热爱是一种最微妙的感情,比世界上最敏感的人还要敏感。

——[法国]拉罗什福科

一个人能否有成就,只看他是否具备自尊心与自信心两个条件。

——[古希腊]苏格拉底

但在任何环境之下,都不要作践你的人格,而做不清洁的事。你可以掘沟过活,运煤过活,做清道夫过活!但是千万不要牺牲你的自尊。

——[美国]马尔腾

你要是看重自己,那就不管你怎样的无价值,别人也会尊重你。

——[美国]德莱塞

如果一个人不爱自己,他就不会爱任何人。

——［俄国］托尔斯泰

一个人要自觉自愿地承认别人的价值，尊重别人的价值，根本就得自己有自己的价值。

——［德国］叔本华

一个人的自尊自重是克服万恶的首要条件，而且它的重要性仅次于宗教。

——［德国］叔本华

自爱者方能为人所爱。

——［法国］蒙田

自私的人将如孤单单的不结果实的果树，日见枯萎；但是自尊自爱，作为一种力求完善的动力，却是一切伟大事业的渊源。

——［俄国］屠格涅夫

如果你不爱自己，你将永远不会去爱他人。一个人不可能完美无缺，但这并不等于说他无足轻重。每个人都有一些别人所不具备的东西。

——［美国］巴斯克里

大部分情况下人们忍受真正的不幸要比忍受幻想的不幸容易得多，这是因为真正的不幸很少会损及自尊心，而病痛的源泉正就在于自尊心。

——［俄国］赫尔岑

不要让一个人去守卫他的尊严，而应让他的尊严来守卫他。

——［美国］爱默生

自爱比盲目更傲慢，它不是要我们隐瞒自己的短处，而是劝我们逃避他人的指责。

——［英国］约翰逊

自爱唤醒善良的心灵，犹如一石击破湖面的平静。

——［英国］蒲柏

在人类抽象的爱里，一个人差不多永远只是爱自己。

——［俄国］陀思妥耶夫斯基

理想与命运

命运并非机遇,而是一种选择;我们不该期待命运的安排,必须凭自己的努力创造命运。

——［美国］布莱

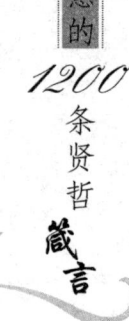

理想箴言

LIXIANGZHENYAN

理想是指路的明灯。没有理想，就没有坚定的方向；没有方向，就没有生活。

——［俄国］托尔斯泰

理想并不是一种空虚的东西，也并不玄奇；它既非幻想，更非野心，而是一种追求善美的意识。

——［美国］伏契尼

缺乏理想的现实主义是毫无意义的，脱离现实的理想主义是没有生命的。

——［法国］罗曼·罗兰

如果一个人的头上缺少一颗指路明星——理想，那他的生活将会是醉生梦死的。

——［苏联］苏霍姆林斯基

理想使现实透明，美好的憧憬使生命充实，而人类也就有所寄托，使历史随岁月延续于无穷。

——［中国］柯灵

生活好比旅行，理想是旅行的路线，失去了路线，只好停止前进。

——［法国］雨果

理想就是进步，在不断前进中所追求的坚定不移的范本。

——［法国］雨果

人的活动如果没有理想的鼓舞，就会变得空虚而渺小。

——［俄国］车尔尼雪夫斯基

生活不能没有理想。应当有健康的理想，发自内心的理想，来自本国人民的理想。

——［保加利亚］季米特洛夫

没有理想，没有某种美好的愿望，也就永远不会有美好的现实。

——［俄国］陀思妥耶夫斯基

无论是人类还是民族，如果没有崇高的理想，就不能生存。

——［俄国］陀思妥耶夫斯基

看见一个年轻人丧失了美好的希望和理想，看见那块他透过它来观察人们行为和感情的粉红色轻纱在他面前撕掉，那真是伤心。

——［俄国］莱蒙托夫

人应该不断地努力工作，为自己树立为之奋斗的崇高理想。如果没有崇高理想，他怎会有使命呢？如果生活中没有了使命，我们活着还有什么意义呢？

——［埃及］安瓦尔·萨达特

有理想的、充满社会利益的，具有明确目的的生活是世界上最美好的和最有意义的生活。

——［苏联］加里宁

无论哪个时代，青年的特点总是怀抱着各种理想和幻想。这并不是什么毛病，而是一种宝贵品质。

——［苏联］加里宁

追求理想是一个人进行自我教育的最初动力，而没有自我教育就不能想象会有完美的精神生活。

——［苏联］苏霍姆林斯基

现实是此岸，理想是彼岸，中间隔着湍急的河流，行动则是架在河上的桥梁。

——［俄国］克雷洛夫

要使理想的宫殿变成现实的宫殿，必须通过埋头苦干、不声不响的劳动一砖一瓦地去建造。

——［苏联］高尔基

伟大的理想只有经过忘我的斗争和牺牲才能胜利实现。

——［意大利］乔万尼奥里

任何理想，包括以世俗的意识形态表现出来的理想，都是人的需要的表现。我们必须充分重视这些理想的真实性，充分估计到它们有助于拓展人的力量的程度，充分估计到它们现实地解答人的追寻世界的平衡与和谐的需要的程度。

——［美国］弗洛姆

当人胸中具有一种神圣的理想和信仰，那么就可激出无限的意志和力量。

——［英国］培根

要追究一个人自己或一切生物生存的意义或目的，从客观的观点看来，我总觉得是愚蠢可笑的。可是每个人都有一定的理想，这种理想决定着他的努力和判断的方向。

——［美国］爱因斯坦

最纯洁的信仰是对于高尚理想的信仰；他是超越个人的祸福观念的。生前的利害不足萦其心，生后的赏罚也不在其念。

——［中国］罗家伦

如果能追随理想而生活，本着真正自由的精神，勇往直前的毅力，诚实不自欺的思想而行，测定能至于至善至美的境地。

——［法国］居里夫人

不要陷入眼前的琐碎事务而不能自拔，而要在自己心中培养对未来的理想，因为理想是一种特殊的阳光，没有阳光的赋予生命的作用，地球会变成石头。

——［英国］培根

理想失去了，青春之花也便凋零了，因为理想是青春的光和热。

——［匈牙利］裴多菲

世界上最快乐的事，莫过于为理想而奋斗。

——［古希腊］苏格拉底

理想好比泥土中生长出来的花，它虽生长在泥土中，但它又不是泥土。

——［中国］张闻天

生活的理想，就是为了理想的生活。

——［中国］张闻天

在任何困难之下，坚持自己的理想，坚持为自己理想的实现而奋斗，是绝对必要的。没有这种坚持性，任何理想也就不能实现。

——［中国］张闻天

实现理想，实在不是一件容易事。理想虽是建筑在现社会的物质基础之上，但理想是超过现社会的东西。

——［中国］张闻天

无论在什么样的社会里，一个人的理想，是为了多数人的利益，为了社会的进步，对社会生产力的发展起了促进作用，也就是说，合乎社会历史的发展规律，就是伟大的理想。

——［中国］陶铸

一个人有了崇高的伟大的理想，还一定要有高尚的情操。没有高尚的情操，再崇高，再伟大的理想也是不能达到的。

——［中国］陶铸

直面命运

ZHIMIANMINGYUN

哪怕是在平滑的路上，人也还是容易摔跤，事实上，这是人类的天赋的命运。

——［俄国］契诃夫

你还能想得出比这样一个人更好的人吗？……他不相信有些人拿来当做万物之主的那个命运，他认为我们拥有决定事变的主要力量，他把一些事物归因于必须，一些事物归因于机遇，一些事物归因于我们自己……

——［古希腊］伊壁鸠鲁

命运像水车的轮子一样旋转着，昨天还高高在上的人，今天却屈居人下。

——［西班牙］塞万提斯

没有什么不可以通过藐视来克服的命运。

——［西班牙］塞万提斯

人之命运也往往是由人自己造成的，正如古代诗人所说"每个人都是自身的设计师"。

———[英国]培根

无可否认，外因，如恩惠、机遇、他人之死、合乎美德的诱因等，皆有益于命运，然而，人的命运主要掌握在人自己手中。

———[英国]培根

发不了财的，升不了官的，都要埋怨命运不好。然而，仔细想想吧！过失还是在于你自己。

———[苏联]克雷洛夫

人的命运一旦遇到意外，应该赶紧做好准备，意外会接连来的。这扇疯狂的门一旦被打开，怪事就都跟着来了。

———[法国]雨果

当命运递给我一个酸的柠檬时，让我们设法把它制造成甜的柠檬汁。

———[法国]雨果

身在幸福中而能自知之明，可不是一件容易事，命运是一个乔装打扮的人物，没有比这张脸更会骗人的了。

———[法国]雨果

命运有点像女人，假使你太热情地去追求她，她就要远远地避开你。

———[古罗马]查里斯五世

好运就像一个球那样圆圆的，所以很自然地，它并非总是滚落在最善良、最高贵的人的头上。

———[德国]贝多芬

我要扼住命运的咽喉，它决不能使我完全屈服，可能把生命活上千百次真是多美。

——［德国］贝多芬

那种只知自爱却不知爱人的人,最终总是没有好结局的。虽然他们时时在谋算怎样为了自己而牺牲别人,而命运之神却常常使他们自己最终也成为自己的牺牲品。

——［英国］培根

幸运所需要的美德是节制,而命运所需要的美德是坚忍,后者比前者更为难能。

——［英国］培根

一切命运都可以通过忍受来克服。

——［英国］培根

命运的支柱不是金钱,而是人的思想、智慧、勇气、冒险、决心、脾性、勤奋等诸如此类的钢刃。

——［英国］培根

境遇就像不断聚散的云彩,当我们开怀大笑时,祸种已经播进了滋生各种事件的广袤耕地;当我们开怀大笑时,它萌芽、生长,突然结出了我们必须采摘的恶果。

——［英国］济慈

命运对于我们并无所谓利害,它只供给我们利害的原料和种子,任那比它强的灵魂随时变换运用,因为灵魂才是自己的幸与不幸的唯一主宰。

——［法国］蒙田

经受不幸是一件相当艰难的事,但满足于适度的命运并避免伟大,则是非常容易的。

——[法国]蒙田

好运与厄运在我看来是两种统治力量，以为人类智慧能够扮演命运女神的角色未免愚蠢。

——[法国]蒙田

好运不会在人家等候的那个地方自然而来，而是经过弯弯曲曲与困难得难以想象的道路降临的。

——[西班牙]加尔多斯

一个人要能够在自己的地位发生变化的时候毅然抛弃那种地位，不顾命运的摆布而立身做人，才说得上是幸福的。

——[法国]卢梭

要记住，你自己就是自己命运和幸福的创造者。

——[苏联]苏霍姆林斯基

患难可以试验一个人的品格；非常的境遇方才可以显出非常的气节；风平浪静的海面，所有的船只都可以并驱竞争；命运的铁拳击中要害的时候，只有大勇大智的人才能够处之泰然。

——[英国]莎士比亚

当智慧和命运交战时，若智慧有胆识敢作敢为，命运就没有机会动摇它。

——[英国]莎士比亚

一个最困苦、最微贱、最为命运所屈辱的人，只要还抱有希望，便可无所畏惧。

——［英国］莎士比亚

在灰暗的日子中，不要让冷酷的命运窃喜；命运既然来凌辱我们，我们就应该用处之泰然的态度予以报复。

——［英国］莎士比亚

从最高地位上跌落下来，那变化是可悲的；但命运的转机却能使穷困的人欢笑。

——［英国］莎士比亚

命运不能妨碍我们的欢乐，让他来胁迫我们吧！我们还是要欢笑度日，只有傻瓜才不是这样。

——［苏联］高尔基

我们这些总有一死的人的命运是多么奇特呀！我的每个人在这个世界上都只作一个短暂的逗留，目的何在却无可知，尽管有时以为对此若有所感。

——［美国］爱因斯坦

播种一个行动，你会收获一个习惯；播种一个习惯，你会收获一个个性；播种一个个性，你会收获一个命运。

——［英国］普德曼

命运可以剥夺一个人的财富，却无法剥夺一个人的勇气。

——［古罗马］辛尼加

人类并不听从命运的操纵，他们背负着命运的"阴影"，不断寻求变革灵魂的可能性。我以为，这种创造性的生命才是人生的出发点。

——［日本］池田大作

有时一个人受到厄运的可怕打击，不管这厄运是来自公众或者个人，都可能是件好事。

——[德国]歌德

命运的酒杯越苦涩，我们倒越应该张着笑脸向人，以便那些泰然旁观的人不致因我们的苦脸而感到不快。

——[德国]歌德

善于在做一件事的开端识别时机，这是一种极难得的智慧。

——[英国]培根

对于不会利用机会的人，时机又有什么用呢？一个不受胎的蛋，是要被时间的浪潮冲刷成废物的。

——[英国]艾略特

机遇之神以无与伦比的技巧向我们表明，与它的恩惠和仁慈相比，任何才华能力都是周效无用的。

——[德国]叔本华

悔恨在我们走好运时睡去了，但在我们逆境中却使我们更强烈地感觉到它。

——[法国]卢梭

所有成功的人都承认自己是因果论者，他们相信成功不是由于命运，而是由于定律；相信在结合开始与终结的一件事的连贯中并没有一个脆弱的破裂的环节。

——[美国]爱默生

命运，不过是失败者无聊的自慰，不过是怯懦者的解嘲，人们的前途只能靠自己的意志,自己的努力来决定的。

——［中国］茅盾

人的前途只能靠自己的意志,自己的努力来决定。

——［中国］茅盾

在命运的网里,人们的努力是不一定有怎样多的成效如所预期。可是这命运观又和自然派的命运论有些不同。这命运观里很含着奋斗不懈的精神。

——［中国］茅盾

一个人总是有些指逆的遭遇才好,不然是会不知不觉地消沉下去的,人只怕自己倒,别人骂不倒。

——［中国］郭沫若

命运并不是中国人的事前指导,乃是事后的一种不费心思的解释。

——［中国］鲁迅

如果有工作要做,就应该立刻做好,如果交运时你发现自己毫无准备,就不该埋怨命运女神,却应当埋怨你自己。

——［俄国］克雷洛夫

人们不存侥幸之心,方可为幸运的主宰,而幸运除了懦夫之外,都是不敢欺凌的。

——［英国］乔叟

不管我们漫游到什么地方,命运的引线永远在我们面前。

——［德国］利希特

假使把所有的人的灾难都堆积到一起,然后重新分配,那么我相信大部

分的人一定会很满意地取走他自己原有的一份。

——［古希腊］苏格拉底

命运即使对它最喜爱的宠儿也不是永远慷慨无度的。

——［奥地利］茨威格

命运鄙视地把畏首畏尾的人拒之门外。命运——这世上的另一位神，只愿意用热烈的双臂把勇敢者高高举起，送上英雄们的天堂。

——［奥地利］茨威格

不要再去揣度未来。无论未来会带来什么，让我们都把它当做礼品接受下来吧。

——［意大利］贺拉斯

命运对有些人是生母，而对另一些人却是继母。

——［英国］赫伯特

仅以毫厘之差而失去的幸运似乎是命运女神加于人的侮辱。

——［英国］菲尔丁

一百个博学的智者的计谋也比不上一位命运女神。

——［古罗马］普劳图斯

人们对于自己实际拥有什么东西，并不怎么感谢命运；对于自己缺少什么东西，却总是加倍地埋怨命运。

——［瑞士］凯勒

命运有两种方法可以打垮我们——拒绝我们的愿望或满足我们的愿望。

——［瑞士］阿米尔

当人们回避命运的时候，就已经碰上了命运。

——［古罗马］塞内加

命运赐予你的，实际上并不属于你。

——［古罗马］塞内加

我确信，与人作对的命运女神要比殷勤的命运女神有益得多。

——［英国］乔叟

命运引导自愿跟随的人，而驱逐那顽固执拗的人。

——［英国］富勒

人生道路上不时散发出芳香的花朵，也是由偶然落下的种子自然生长起来的。

——［英国］约翰逊

真正的运气并不在于拿到赌桌上最好的牌，最幸运的是那知道几时应该离座回家的人。

——［英国］约翰逊

我无法驾驭我的命运，只能与它合作，从而在某种程度上使它朝我引导的方向发展。我不是我心灵的船长，只是闹闹嚷嚷的乘客。

——［英国］赫胥黎

向命运大声叫骂又有什么用？命运是个聋子。

——［古希腊］欧里庇得斯

命运女神爱的是那些不大谨慎小心的人，那些胆大敢为的人，和那些喜欢"事已至此无可翻悔"这句格言的人。

——［荷兰］爱拉斯谟

命运是一件很不可思议的东西。虽人各有志，但往往在实现理想时，会遭遇到许多困难，反而会使自己走向与志趣相反的路，而一举成功。

——［日本］松下幸之助

命运女神总是向不把她放在眼里的人大献殷勤。

——［匈牙利］莫尔

命运支配了我一半的行为；另一半则握在自己的手里。

——［意大利］马基雅维利

谁诅咒命运，谁就是软弱而堕落的人。

——［美国］爱默生

宁可要人们各自决定自己的命运，而不要让自己的命运掌握在别人之手。

——［美国］胡克

命运降临到人身上的一切，都由我们的心情来确定价格。

——［法国］拉罗什富科

应当像把握健康那样把握命运：当它是好运时就享用；当它是厄运时就忍耐，若非极其必需，决不要做重大改变。

——［法国］拉罗什富科

正像一个年轻的老婆不愿意搂抱那年老的丈夫，幸运女神也不搂抱那迟疑不决、懒惰、相信命运的懦夫。

——［印度］泰戈尔

凡是追逐不靠自身而依赖外界才能获得的幸福的人，命运总是和他作对的。

——［法国］莫罗阿

人有时必须服从命运，但决不能屈服于它。

——［英国］哈里法克斯

命运并非机遇，而是一种选择；我们不该期待命运的安排，必须凭自己的努力创造命运。

——［德国］布莱

树立志向
SHULIZHIXIANG

立志是一件很重要的事情。工作随着志向走，成功随着工作来，这是一定的规律。立志、工作、成功，是人类活动的三大要素。立志是事业的大门，工作是登堂入室的旅程。这旅程的尽头有成功在等待着，庆祝你的努力。

——［法国］巴斯德

学者须是立志。今日所以悠悠者，只是把学问不曾做一件事看，遇事则且胡乱恁地打过了，此只是志不立。

——［宋代］朱熹

三军可夺帅也，匹夫不可夺志也。

——［春秋］孔子

志不强者智不达。

——［战国］墨子

人若无志，与禽兽同类。

——［战国］孟子

非淡泊无以明志，非宁静无以致远。

——［三国］诸葛亮

夫有其志必成其事。

——［三国］曹操

虎瘦雄心在，人贫志气存。

——［元朝］万松

志不立，则如无舵之舟，无勒之马。

——［明朝］王守仁

君子之立志也，有民胞物与之量，有内圣外王之业，而后不忝于父母之所生，不愧为天地之完人。

——［清朝］曾国藩

一个人没有一定的志向，没有预定的目标，这个人就可以说没前途。

——［苏联］斯科罗杜莫夫

人生的真正欢乐是致力于一个自己认为是伟大的目标。

——［爱尔兰］萧伯纳

一个人追求的目标越高，他的才力就发展得越快，对社会就越有益；我确信这也是一个真理。

——［苏联］高尔基

志向是天才的幼苗，经过热爱劳动的双手培育，在肥沃土地里将成长为粗壮的大树。

——［苏联］苏霍姆林斯基

确定个人志向,选好专业,这是幸福的源泉。

——[苏联]苏霍姆林斯基

确定志向,这就意味着要有所作为,有所创造,不要背诵现成的公式、定理,不要费尽心思去考虑我是否喜欢这一工作。

——[苏联]苏霍姆林斯基

没有目标,哪来的劲头?

——[俄国]车尔尼雪夫斯基

感到自己在这个世界上是件多余的装饰品,那是很难堪的,活着而没有目标是可怕的。

——[俄国]契诃夫

世界上最重要的事,不在于我们在何处,而在我们朝着什么方向走。

——[美国]奥·温·霍姆斯

同样是抱负,它能毁灭一切,也能拯救一切,它能产生恶棍,也能造就爱国者。

——[英国]蒲柏

大凡走路,如果目标本身没有摆正,要想取一条正确的途径是不可能的。

——[英国]培根

从事一项事情,先要决定志向,志向决定之后就要全力以赴毫不犹豫地去实行。

——[美国]富兰克林

如果你志在最高处,那么即使滞留在第二高处甚至第三高处、也并不丢脸。

——［意大利］西塞罗

　　灵魂如果没有确定的目标，它就会丧失自己，因为，俗语说得好，无所不在等于无所在。

——［法国］蒙田

　　没有一定的目标，智慧就会丧失；哪儿都是目标，哪儿就都没有目标。

——［法国］蒙田

　　没有目标而生活，恰如没有罗盘而航行。

——［法国］康德

　　目标愈高，志向越愈可贵。

——［西班牙］塞万提斯

　　一个人若是依循着某条轨道前进，那总会在某处有个终点；若是到处漫游，则绝无尽头。所以不能作无目标、无意义的旅行。

——［古罗马］塞涅卡

　　坚持一贯的目标才是重要的。所以即使迟钝不聪，只要锲而不舍，也可能发挥相当的作用。

——［古罗马］塞涅卡

　　有些人活着没有任何目标，他们在世间行走，就像河中的一棵小草，他们不是行走，而是随波逐流。

——［古罗马］塞涅卡

　　你的目标确定了，你的脚步也就轻快了。

——［英国］赫伯特

走得最慢的人，只要他不丧失目标，也比漫无目的徘徊的人走得快。

——［德国］莱辛

察觉旁人的错误志向并不难，难在察觉自己的错误志向。

——［德国］歌德

目标越接近，困难越增加。但愿每一个人都像星星一样安详而从容地不断沿着既定的目标走完自己的路程。

——［德国］歌德

人生重要的在于确立一个伟大的目标，并决心实现它。

——［德国］歌德

人的理想志向往往和他的能力成正比。

——［英国］约翰逊

坚定信仰
JIANDINGXINYANG

　　凡是挣扎过来的人都是真金不怕火炼的；任何幻灭都不能动摇他们的信仰：因为他们一开始就知道信仰之路和幸福之路全然不同，而他们是不能选择的，只有往这条路走，别的都是死路。这样的自信不是一朝一夕所能养成的。你决不能以此期待那些十五岁左右的孩子。在得到这个信念之前，先得受尽悲痛，流尽眼泪。可是这样是好的，应该要这样……

——［法国］罗曼·罗兰

　　整个人生是一幕信仰之剧。没有信仰，生命顿时就毁灭了。坚强的灵魂在驱使时间的土地上前进，就像"石头"在湖上漂流一样。没有信仰的人就会下沉。

——［法国］罗曼·罗兰

最可怕的敌人，就是没有坚强的信念。

——［法国］罗曼·罗兰

信仰，应该像泉水一般从灵魂中出其不意的飞涌出来。

——［法国］罗曼·罗兰

我们若凭信仰而战斗，就有双重的武装。

——［古希腊］柏拉图

我们的信仰战胜了我们的恐惧。

——［美国］朗费罗

信仰，是人们所必需的。什么也不信的人不会有幸福。

——［法国］雨果

有信仰的人是有创见的人；不论他信仰什么，他都是为自己，而不是为另一个人。

——［英国］卡莱尔

信仰是人类认识自己智慧的力量的结果，这种信仰创造英雄，却并不创造而且将来也不会创造上帝。

——［苏联］高尔基

信仰是伟大的情感，一种创造力量。

——［苏联］高尔基

信仰是精神的劳动；动物是没有信仰的，野蛮人和原始人有的只是恐怖和疑惑。只有高尚的组织体，才能达到信仰。

——［俄国］契诃夫

我觉得人都应有信仰，或者都应当去追求信仰，不然，他的生活就空洞了。

——［俄国］契诃夫

对待信仰也像对待爱情一样，是需要勇气和胆量的。

——［俄国］托尔斯泰

脱离各种罪过的出路就是献身舍己，脱离各种恶的诱惑的出路就是对于理性的信仰，脱离虚伪的教训就是对于真理的信仰。

——［俄国］托尔斯泰

没有信仰的人的生活，无非是动物的生活。

——［俄国］托尔斯泰

信仰就是一种感情，这种感情的力量，就同其他各种感情一样，恰好同激动的程度成正比。

——［英国］雪莱

当人胸中具有一种神圣的理想和信仰，那么就可激出无限的意志和力量。

——［英国］培根

信仰是人类赖以生存的众多力量之一，若是没有它，便意味着崩溃。

——［美国］威廉·詹姆斯

纯粹的信仰能把恐惧置之度外。

——［英国］乔·麦克唐纳

在现实中，没有信仰的人就会变得没有生机，没有希望，内心深处焦虑不安。

——［美国］弗洛姆

每个人总不免有所迷恋，每个人总不免犯些错误，不过在进退之间，周围的一切开始动摇的时候，信仰就能拯救一个人。

——［俄国］马明·西比利亚克

信仰正像一个神圣的器皿那样，各人尽可能地把自己的感情、悟性、想象献纳其中作为祭品。

——［德国］歌德

信仰是对见不到的事物的爱，是对似乎不可能存在的事物的信赖。

——［德国］歌德

信念是储蓄在自己家里的私人资本。

——［德国］歌德

信仰会是而且会永远是人类最后的希望之锚，人类即使达到了最高的尘世幸福，这个信仰也是不能缺少的。

——［德国］威廉·魏特林

人是一种好轻信的动物，他必须信仰某种东西；在缺乏好的信仰基础时，他宁可满足于坏的信仰。

——［英国］罗素

信念虽非直接只向我们行为之较少部分负责，但它们所负责的行动是最为重要的，而且大半决定了我们的生活之普通结构。

——［英国］罗素

没有信念，就没有真正的美德。

——［法国］卢梭

信仰不是逢场作戏，不是作为形式上的信仰，而是生平一贯地作为精神支柱去信仰。

——［日本］池田大作

信仰存在于人生之中。对于依靠人的力量解决不了的某种力量，规律和现象产生敬畏之感，便是它的出发点。

——［日本］池田大作

信仰犹如爱慕，它不能被强制。任何强制的爱，都必会变成恨。因而，那种强制信仰的企图，其结果首先是真正的不信仰。

——［德国］叔本华

信仰，是事业的千斤顶，失去了它，就失去了人生前进的精神支柱。

——［意大利］亚米契斯

信念是由一种愿望产生的，因为愿意相信才会相信，希望相信才会相信，有一种利益所在才会相信。

——［瑞典］斯特林堡

相信真理是离开人类而存的，我们这种自然观是不能得到解释或证明的。但是，这是谁也不能缺少的一种信仰。

——［美国］爱因斯坦

在这个世界的事务中，不是信仰拯救了人类，而是信仰的缺乏拯救了人类。

——［美国］富兰克林

有两件事我最憎恶：没有信仰的博才多学和充满信仰的愚昧无知。

——［美国］爱默生

信仰是心中的绿洲，思想的骆驼队是永远走不到的。

——［黎巴嫩］纪伯伦

危险、怀疑和否定之海，围绕着人们小小的岛屿，而信念则鞭策人，使人勇敢面对未知的前途。

——［印度］泰戈尔

信仰是鸟儿，黎明还是黝黑时，就触着曙光而讴歌了。

——［印度］泰戈尔

信仰能欺蒙人，可是它有一个极大的好处：它使一个人的面貌添上一种神采。

——［印度］泰戈尔

支配战士的行动是信仰。他能够忍受一切艰难、痛苦，而达到他所选定的目标。

——［中国］巴金

无论在斗争中或牺牲中，我们都只对准一个目标，坚守一个信念，这样我们可以克敌制胜。

——［加拿大］白求恩

信仰是我们一切思想的先驱。否定信仰，即等于反对我们，反对我们一切创造力的精神源泉。

——［英国］卓别林

当对自己为什么活着缺乏坚定的信念时，人是不愿意活着的，宁可自杀，也不愿留在世上，尽管他的四周全是面包。

——［俄国］陀思妥耶夫斯基

没有信念的心是空虚的废物，没有原则的人是无用的小人。

——［俄国］列宁

一个人的风格有没有力量，就看他对自己的主张感觉得多么强烈，他的信念有多么坚定。

——［爱尔兰］萧伯纳

在现代社会中，没有信念的阔佬比没有节操的贫妇更加危险。

——［爱尔兰］萧伯纳

由百折不挠的信念所支持的人的意志，比那些似乎是无敌的物质力量更是有更大的威力。

——［美国］爱因斯坦

没有比没有信念的人生更为空虚的了。而抱着错误的人生观，前途有如风前的蜡烛。

——［日本］池田大作

对于自己应该做的事情，要抱有坚定信念，一干到底。

——［日本］池田大作

随着信念的指示做事情，事无论大小，在我都会感到喜悦。

——［中国］巴金

假如我的信念随着我心脏的跳动而动摇，那是可悲的。

——［德国］席勒

所谓信念就是根据自我暗示，在潜在意识中被宣布或反复指点所产生的一种精神状态。

——［法国］拿破仑

要卓有成效地从事高级指挥，必须具有忍受痛苦和审慎准备的无穷能力，也必须具有一种有时超越理性的内在信念。

——［英国］蒙哥马利

哥伦布是凭着信念发现了新大陆,决不是靠航海图。

——[美国]桑塔亚娜

要有自信,然后全力以赴——假如有这种信念,任何事情十之八九都能成功。

——[美国]威尔逊

这种信念的力量是神奇的,它可以使千千万万的老弱信徒和衰弱的年轻人毫不迟疑,毫无怨言地从事那种艰苦不堪的长途跋涉,毫不懊悔地忍受因此而来的痛苦。

——[美国]马克·吐温

抓住机遇
ZHUAZHUJIYU

如果有人错过机会，多半不是机会没有到来，而是因为等待中没有看见机会到来，而且机会过来时，没有一伸手就抓住它。

——[法国]罗曼·罗兰

一个人能否成功，固然要靠天才，要靠努力，但善于创造时机，及时把握时机，不因循、不观望、不退缩、不犹豫，想到就做，有尝试的勇气，有实践的决心，多少因素加起来才可以造成一个人的成功。

——[法国]罗曼·罗兰

生命很快就过去了，一个时机从不会出现两次。必须当机立断，不然就永远别要。

——[法国]罗曼·罗兰

机会是在纷纭世事之中的许多复杂因子，在运行之间偶有利于你的空隙。然凑成的一个这个空隙稍纵即逝，所以，要把握时机确实需要眼明手快地去"捕捉"，而不能坐在那里等待或因循拖延。

——[法国]罗曼·罗兰

如果有人错过机会，多半不是机会没有到来，而是因为等待机会都没有看见机会到来,而且机会过来时,没有一伸手就抓住它。

——[法国]罗曼·罗兰

机遇总会找到善于利用机遇的人。

——[法国]罗曼·罗兰

机会不会上门来找人,只有人去找机会。

——[英国]狄更斯

当良机出现在我们面前时,我们要及时抓住它们,利用它们,这是生活的一大艺术。

——[英国]约翰逊

才智和勇气必定满意地与机遇共享荣誉。

——[英国]约翰逊

机会老人先给你送上它的头发,当你没有抓住再后悔时,却只能摸到它的秃头了。或者说它先给你一个可以抓瓶颈,你不及时抓住,再得到的却是抓不住的瓶身了。

——[英国]培根

幸运的时机好比市场上的交易,只要你稍有延误,它就将掉价了。

——[英国]培根

智者创造的机会比他得到的机会要多。

——[英国]培根

当危险逼近时,善于抓住时机迎头痛击它要比犹豫躲闪更为有利。因为犹豫的结果恰恰是错过了克服它的机会。

——[英国]培根

幸运之机好比市场,只要错过机会,价格就将变化。

——[英国]培根

行动要看时机,就像开船要趁涨潮。

——[英国]莎士比亚

疑惑足以败事,一个人往往因为遇事畏缩的缘故,失去了成功的机会。

——[英国]莎士比亚

机会对于不能利用它的人又有何用?不过是只无精卵,时间的浪潮会把它冲去消失。

——[英国]艾略特

许多人对待机会一如孩童在海滨那样:他们让小手握满了沙子,然后让沙粒掉下,一粒接一粒,直到全部落光。

——[英国]莫尔

命运是一个瞎眼的、喜怒无常的养娘,她对她所抚养的孩子常常是毫无选择地随意慷慨施恩。

——[英国]巴特勒

谁不坐等机遇的馈赠,谁便征服了命运。

——[英国]马·阿诺德

精干的人利用一切,对所有能给他带来更多机会的一切,毫不放过。不精干的人有时却会轻易放掉唯一的一个机会,弄得把什么都错过。

——[法国]拿破仑

卓越的才能，如果没有机会就将失去价值。

——［法国］拿破仑

"机遇"是个毫无意义的词；任何事物都不可能无缘无故地存在的。

——［法国］伏尔泰

由于过分审慎，人们对于时机就会重视不够，从而坐失良机。

——［法国］卢梭

谁若是有一刹那的胆怯，也许就放走了幸运在这一刹那间对他伸出来的香饵。

——［法国］大仲马

最能干的人并不是那些等待机会的，而是运用机会，摄取机会，征服机会，以机会为奴仆的人。

——［法国］巴尔扎克

追求幸运的人应该是行李越轻越好！

——［法国］巴尔扎克

所谓强者是既有意志，又能等待时机。

——［法国］巴尔扎克

机会来的时候像闪电一般短促，全靠你不假思索地利用。

——［法国］巴尔扎克

弱者都知道要长期耐心等待，一旦机会到来，便扑向强者的咽喉，使劲地咬她一口，留下个痛快的印记。

——［法国］巴尔扎克